T.K. Sundaresa Iyer

Mein Leben mit Ramana Maharshi:

Aus dem Tagebuch eines Schülers

Books on Demand GmbH

T.K. Sundaresa Iyer

Mein Leben mit Ramana Maharshi:

Aus dem Tagebuch eines Schülers

aus dem Englischen übersetzt
von Gabriele Ebert

T.K. Sundaresa Iyer

Mein Leben mit Ramana Maharshi: Aus dem Tagebuch eines Schülers

Norderstedt: BoD

2. Auflage 2014

ISBN: 978-3-8370-0631-5

Titel der Originalausgabe:

At the Feet of Bhagavan

© Sri Ramanasramam, Tiruvannalalai, 4th ed., 2005

Umschlaggestaltung: BoD

Fotos mit freundlicher Genehmigung des Sri Ramanasramam

Herstellung und Verlag: Books on Demand GmbH, Norderstedt

Printed in Germany

Bhagavan Sri Ramana Maharshi

Inhaltsverzeichnis

Vorwort

Sundaresa Iyer gehörte zum engeren Schülerkreis um Ramana Maharshi. Bereits als Jugendlicher fand er in Ramana seinen spirituellen Meister. In seinen Tagebuchnotizen hat er seinen persönlichen Weg als Schüler des großen Weisen vom Berg Arunachala portraitiert und von vielen Details aus dem Leben und der Lehre Sri Ramanas berichtet.

Im Gegensatz zu Major Chadwick (Sadhu Arunachala)[1], der aus dem westlichen Kontext stammte, blieb Sundaresa Iyer stets im Hinduismus verwurzelt. So ergänzen sich beide Erinnerungen.

Des leichteren Verständnisses wegen wurde die Übersetzung an manchen Stellen leicht gekürzt. Der erste Teil aus Sundaresa Iyers Buch ›At the Feet of Bhagavan‹ findet sich auch – zuweilen leicht verändert – als Beitrag in ›Ramana Smrti‹. Manche Geschichten habe ich gegen die Version dieses Beitrags ausgetauscht, wenn sie dort klarer geschildert waren. Zudem habe ich einige Geschichten daraus ergänzt, die in ›At the Feet of Bhagavan‹ nicht vorkommen.

Der Übersetzung habe ich einige erklärende Fußnoten hinzugefügt. Sämtliche im Text *kursiv* gedruckten Begriffe finden sich im Glossar erläutert.

Mein besonderer Dank gilt dem Präsidenten des Ramanashram, Sri S.V. Ramanan, für seine freundliche Zustimmung zu dieser Übersetzung und die Erlaubnis, die Fotos von Sri Ramana zu verwenden. Miles Wright und John

---

[1] s. Sadhu Arunachala: Ramana Maharshi: Erinnerungen eines Sadhus

Champneys haben mir geholfen, die Sanskrit- und Tamilbegriffe besser zu verstehen. Auch ihnen danke ich vielmals.

Gabriele Ebert

Das Leben Sri Ramana Maharshis
eine Einführung von Gabriele Ebert

Ramana Maharshi (*Maharshi* bedeutet Großer Weiser, von maha - groß + rishi - Weiser), wurde am 30. Dezember 1879 in Tiruchuli, einem Dorf ca. 48 km südlich von Madurai (Tamil Nadu, Südindien) geboren. Er war der zweite von drei Söhnen und einer Tochter. Sein Vater Sundaram Iyer war Brahmane und arbeitete als unstudierter Anwalt in Tiruchuli. Seine Mutter Alagammal war schon als Kind mit Sundaram verheiratet worden. Beide führten ein frommes Leben und pflegten ausgesprochen großzügige Gastfreundschaft.

Ramanas Jugend war durch keine Besonderheiten gekennzeichnet, außer dass er ungewöhnlich tief schlief. Des Nachts kamen seine Freunde zu ihm, um ihm allerlei Possen zu spielen. Sie schleppten ihn außer Haus und schubsten ihn herum, ohne dass er sich dessen bewusst war. Ansonsten war er ein normaler Junge, der lieber spielte, Sport trieb und Streiche ausheckte, als sich der Schule zu widmen. Er war gesund und stark und wurde von seinen Mitschülern und Freunden geachtet.

Als er 12 Jahre alt war, starb sein Vater. Er und sein älterer Bruder Nagaswami wurden bei Subba Iyer, einem Onkel väterlicherseits, in Madurai untergebracht, während seine Mutter mit den beiden anderen Kindern bei dem anderen Onkel Nelliappa Iyer in Manamadurai unterkam. Fortan lebte die Familie getrennt. Ramana besuchte die Scotts Middle School und später die American Mission High School in Madurai.

Ein Vorbote seines Erleuchtungserlebnisses war eine Begegnung mit einem Verwandten kurz vor seinem 16. Geburtstag. Von ihm hörte er zum ersten Mal vom heiligen Berg Aruanchala (Berg der Morgenröte), bei der Stadt Tiruvannamalai in der weiten Ebene Südindiens gelegen. Geologisch gehört er zum ältesten Bestand der Erde. Er gilt als einer der großen Wallfahrtsorte Indiens und wird als Manifestation *Shivas* verehrt. Der Verwandte erzählte dem jungen Ramana, er käme gerade von dort. Ramana, der die Geschichten kannte, die sich um den heiligen Berg ranken, aber bis dahin keinen realen Ort damit verbinden konnte, war die Tatsache, dass es diesen Berg tatsächlich gibt, wie eine Offenbarung. Der heilige Name ›Arunachala‹ war von Kindheit an in seinem Herzen gegenwärtig gewesen. Auch las er in dieser Zeit das erste spirituelle Buch seines Lebens, die Legenden der 63 *Shiva*-Heiligen, die in Sekkilars *Periyapuranam* gesammelt sind. Diese Heiligen hatten ihr Zuhause verlassen und allem entsagt, um die Gnade *Shivas* zu erlangen.

Mitte Juli 1896 ereignete sich die große Wende in seinem Leben. Eines Tages, als er allein Zuhause war, wurde er von einer plötzlichen, aber unmissverständlichen Todesangst ergriffen, obwohl er keine gesundheitlichen Beschwerden hatte. Er dachte: »Ich sterbe jetzt!« Die Panik bewirkte, dass er seine ganze Aufmerksamkeit nach innen wandte und sich fragte, was denn der Tod eigentlich bedeute, wer oder was es sei, das stirbt? Er sagte sich, es sei der Körper, und spielte die Todesszene nach, indem er den Atem anhielt, seine Glieder streckte und sich steif hielt, als hätte die Totenstarre eingesetzt. Er stellte sich vor, wie seine Leiche zum Verbrennungsplatz getragen und zu Asche werden würde. Er fragte dabei tief im Innern, ob dieser Körper »ich« sei, ob er selbst nun tatsächlich gestorben sei. In diesem intensiven

Prozess erkannte er schlagartig und völlig klar, dass es etwas in ihm gab, das unsterblich war und dass dies das wahre »Ich« (Selbst, *Atman*) ist, das unabhängig vom Körper existiert. Er beschreibt seine Erfahrung folgendermaßen: »Der materielle Körper stirbt, aber der ihn transzendierende Geist kann vom Tod nicht berührt werden. Deshalb bin ich unsterblicher Geist. ... ›Ich‹ war etwas Wirkliches, in dem Zustand das einzig Wirkliche überhaupt, und die gesamte bewusste Aktivität, die mit meinem Körper verbunden war, war jetzt daraufhin konzentriert. Von diesem Zeitpunkt an hielt eine machtvolle Faszination meine gesamte Aufmerksamkeit am ›Ich‹ oder meinem Selbst fest. Die Todesangst war ein für allemal verschwunden. Das Verschmolzensein im Selbst hat von diesem Moment an bis heute fortbestanden. Andere Gedanken mögen kommen und gehen wie die verschiedenen Noten bei einem Musiker, aber das ›Ich‹ besteht fort wie die Grundnote, die alle anderen Noten begleitet und sich mit ihnen vermischt. Mochte der Körper mit Sprechen, Lesen oder etwas anderem beschäftigt sein, ich war immer auf das ›Ich‹ konzentriert.« [2]

Nach diesem Todeserlebnis verlor der junge Ramana alles Interesse an Sport und Spiel, an seinen Freunden, ja selbst am Essen. Das letzte Interesse an der Schule war auch noch verschwunden. Er saß oft zuhause und meditierte mit geschlossenen Augen, doch er sprach mit niemandem über sein Erlebnis. Er verhielt sich allem gegenüber völlig indifferent. Er wurde sanftmütig und verteidigte sich nicht mehr wie früher. Er berichtet: »Als ich mit ausgestreckten Gliedern dalag, im Geist die Todesszene spielte und mir bewusst wurde, dass ich lebte, obwohl der Körper weggetragen und verbrannt werden würde, stieg eine Kraft in mir hoch – nenne sie die Kraft des Selbst (*Atman*) oder anders – und

---

[2] Ebert: Ramana Maharshi, S. 20

nahm von mir Besitz. Damit wurde ich wiedergeboren und ein neuer Mensch. Ich wurde allem gegenüber gleichmütig und hatte weder Vorlieben noch Abneigungen.«[3] Auch spürte er eine tiefe Neigung zu *Bhakti* (Hingabe an Gott) und begann, regelmäßig den berühmten Meenakshi-Tempel zu besuchen, in dessen Nähe er wohnte. Dort stand er vor den Götterstatuen und Heiligenbildern und vergoss Tränen. Er beschreibt es als ein »Überfließen der Seele«. Sein älterer Bruder machte sich über sein Verhalten lustig, nannte ihn einen »Erleuchteten« und meinte höhnisch, er möge sich doch, wie die alten Seher der Vorzeit, in einen dichten urzeitlichen Wald zurückziehen.

Am 29. August, etwa 6 Wochen nach seinem großen Erlebnis, kam es zu einer Krise. Er hatte als Strafarbeit eine Englischlektion aufbekommen, die er dreimal abschreiben musste. Nach der zweiten Abschrift hielt er inne, da ihm diese Tätigkeit völlig sinnlos vorkam. Er räumte die Arbeit beiseite und setzte sich kerzengerade in Yogihaltung hin. Als das sein älterer Bruder Nagaswami sah, meinte er, einer, der sich so aufführe, habe kein Recht mehr auf die Annehmlichkeiten des häuslichen Lebens. Diesmal traf der Schuss ins Schwarze. Ramana entschloss sich spontan, sein Zuhause zu verlassen und zum Arunachala zu gehen. Ohne Bescheid zu sagen (er hinterließ nur eine kurze Notiz, dass er fortgegangen sei und sich niemand um ihn zu sorgen brauche), brach er zu der ersten und letzten längeren Reise seines Lebens auf, die 3 Tage dauern sollte. Ein Zufall hatte ihm 5 Rupien in die Hände gespielt, womit er den ersten Abschnitt seiner Reise mit dem Zug bezahlen konnte.

Auf abenteuerliche Weise und mit großen Entbehrungen erreichte er am 1. September 1896 sein Ziel: Arunachala.

---

[3] dto., S. 21

Dort angekommen eilte er in den innersten Schrein des großen Arunachaleswara-Tempels in Tiruvannamalai, dessen
Türen wie zum Willkommen offen standen, und verbrachte
dort eine Zeit lang in Ekstase. Danach entledigte er sich
allem, was er noch besaß (etwas Geld, einige Süßigkeiten,
die ihm eine Frau auf den Weg mitgegeben hatte, und seine
Brahmanenschnur - Zeichen seines Standes). Seinen *Dhoti*
riss er in Stücke und trug fortan nur noch ein Lendentuch.
Den Kopf ließ er sich kahl scheren. Obwohl dies alles Zeichen für die Lebensform eines Wandermönchs (*Sannyasins*) sind, ließ er sich nie formell einweihen.

Zunächst lebte er im berühmten Arunachaleswara-Tempel
in Tiruvannamalai. Er war so sehr in sein inneres Sein versunken (*Samadhi*), dass er weder die Folge von Tag und
Nacht, noch Hunger und Durst spürte, und auch nicht das
Ungeziefer, das ihn biss und stach. Hätten nicht andere ihm
zu essen gebracht, ja ihn gefüttert, da er nichts von dem
anrührte, was man vor ihn hinstellte, hätte er nicht überlebt.
Die ersten Wochen verbrachte er in der Tausendsäulenhalle
des Tempels. Als er dort von Straßenjungen belästigt wurde,
die mit Steinen und Scherben nach ihm warfen, suchte er im
Patala Lingam (einem unterirdischen, fensterlosen Schrein
unterhalb der Tausendsäulenhalle) Zuflucht. Der Schrein
war völlig verwahrlost und wurde nie gereinigt. Es wimmelte dort nur so von Ungeziefer wie Asseln, Ameisen, Wespen
und Moskitos. Doch der junge Swami saß bewegungslos mit
gekreuzten Beinen im Yogasitz und spürte nichts von alle-
dem. Die Unterseiten seiner Schenkel waren bald mit Ge-
schwüren bedeckt, aus denen Blut und Eiter flossen. Die
Narben blieben bis zu seinem Lebensende sichtbar. Als ein
Besucher auf seinen Besorgnis erregenden körperlichen
Zustand hinwies, brachte man ihn aus diesem Verließ und
setzte ihn beim Subrahmanian-Schrein ab. Ramana wohnte

danach in verschiedenen Bereichen des Tempels: im Tempelgarten, im Lagerraum der Tempelwagen und unter einem großen Illupai-Baum im äußeren Bereich des weitläufigen Tempel-Geländes. Keiner wusste, woher er kam und wie er hieß. Man nannte ihn »Brahmana Swami« (der Swami vom Brahmanengeschlecht). Diesen Namen hatte ihm Seshadri Swami gegeben, der als *Sadhu* (Wandermönch) ebenfalls im Tempel lebte, den jungen Asketen sehr verehrte und versuchte, ihn gegen die Jungen zu schützen.

Bald stellten sich die ersten Verehrer ein, die sich sporadisch um Ramana kümmerten und ihn schließlich nach Gurumurtam (einem kleinen Schrein am Stadtrand) brachten, wo es stiller war und er ungestörter leben konnte. Doch auch dort stellten sich zunehmend Besucher ein. Ramana war wegen seines tiefen *Samadhi* (Versenkung) und der völligen Gleichgültigkeit seinem Körper gegenüber berühmt geworden. Seine Haare waren lang und verfilzt, seine Fingernägel wurden nie geschnitten, und auch sonst kümmerte er sich nicht um sein Äußeres. An der Stelle, wo er saß, wimmelte es nur so von Ameisen, die ihn bissen, doch er spürte es nicht. Schließlich setzten ihn seine Anhänger auf einen Stuhl und stellten die Stuhlbeine in Wasserkrüge, doch die Ameisen liefen die Wand hinauf und bissen ihn in den Rücken, den er an die Wand gelehnt hatte. Eines Tages wurde dort seine Anonymität gelüftet. Ein Besucher bedrängte ihn so lange, seine Herkunft preiszugeben, bis er nachgab und Name sowie Geburtsort niederschrieb, da er zu dieser Zeit nicht sprach.

Als erster ständiger Begleiter gesellte sich schließlich Palaniswami zu Ramana und kümmerte sich beständig um ihn. Er schütze ihn vor den Besuchermassen, brachte ihm das Essen und sorgte auch dafür, dass er regelmäßig badete.

Später verbrachten die beiden ein halbes Jahr lang alleine und ungestört in einem angrenzenden Mangohain und lebten dort in zwei winzigen Unterständen. Palaniswami, der Zugang zur Bibliothek der Stadt hatte, brachte Bücher in tamilischer Sprache über *Vedanta* mit. Als Ramana sie las, wurde ihm spontan klar, dass seine eigene Erfahrung sich mit dem Inhalt dieser Bücher deckte. Auf diese Weise begann er, die reichhaltige *Vedanta*-Literatur kennen zu lernen.

Die Nachricht von Ramanas Aufenthalt war inzwischen bei seinen Verwandten angelangt. Es war in diesem Mangohain im Mai 1898, als sein Onkel Nelliappa Iyer ihn aufspürte und bedrängte, nach Hause zu kommen. Doch Ramana blieb standhaft und reagierte nicht. Der Onkel musste unverrichteter Dinge von Dannen ziehen. Bald darauf begann Ramana sich selbst um seine Nahrung zu kümmern und ging in Tiruvannamalai betteln. Zu Weihnachten 1898 kam ihn seine Mutter in Begleitung seines Bruders Nagaswami besuchen. Auch sie versuchte alles, ihren Sohn nach Hause zurückzuholen, sie flehte und weinte, doch es war wiederum vergeblich. Ramana schrieb für sie folgende Worte auf ein Stück Papier: »Der Schöpfer waltet über das Schicksal der Seelen nach ihren früheren Taten, wie es ihrem *Prarabdhakarma* entspricht. Was immer bestimmt ist nicht zu geschehen, wird nicht geschehen, wie sehr du es auch herbeiführen möchtest. Was immer bestimmt ist zu geschehen, wird geschehen, was immer du auch unternimmst, es aufzuhalten. Das ist gewiss. Deshalb ist es das Beste zu schweigen.«[4]

Bald darauf ließ sich Ramana in verschiedenen Höhlen auf dem Berg nieder. Von 1899-1916 bewohnte er die Viru-

---

[4] dto., S. 56

paksha-Höhle, die etwa 100 Meter oberhalb des Arunacha-leswara-Tempels am Südosthang liegt und im innersten Bereich die Überreste des Heiligen Virupakshadeva enthält (eines Heiligen aus dem 13. Jh., der sich dort strengen Buß-übungen unterzogen hatte). Ramana lebte dort mit einigen Gefährten, die sich ihm inzwischen angeschlossen hatten, ein äußerst einfaches Leben in völliger Besitzlosigkeit. Manchmal war nicht genügend zum Essen da, doch er lehrte sie, mit allem zufrieden zu sein und um nichts zu bitten, und teilte stets alles mit allen. Einfaches Volk kam zu ihm und suchte seine Nähe und Führung. Kinder kamen aus eigenem Antrieb den Berg hinauf. Auch Tiere fühlten sich von Rama-na angezogen. Vögel und Streifenhörnchen bauten ihre Nes-ter in seiner Nähe.

Unter den Besuchern waren zunehmend spirituell Suchende wie Gambiram Seshayya und Sivaprakasam Pillai, die ihm ihre Fragen stellten oder spirituelle Bücher brachten, aus denen sie einige Punkte erläutert haben wollten. Da Ramana immer noch schwieg, schrieb er die Antworten entweder mit Kreide auf Schiefertafeln oder auf kleine Zettel. 1900-1902 entstanden auf diese Weise zwei Sammlungen aus Fragen und Antworten, die später als die frühesten Werke Ramanas veröffentlicht wurden: ›Vichara Sangraham‹ (›Selbster-gründung‹) und ›Nan Yar‹ (›Wer bin ich?‹). Vor allem ›Nan Yar‹ enthält die volle Quintessenz dessen, was Ramana sein Leben lang lehrte, und beschreibt, den Weg der Selbster-gründung, die Suche nach der Quelle des Ich.

Eine Besonderheit Ramanas ist sein inniger Bezug zum Berg Arunachala. Er kannte ihn wie seine Westentasche und lieb-te es, ihn zu erkunden und ihn im Uhrzeigersinn zu umrun-den, was im Hinduismus eine alte und viel geübte Form der Verehrung und Meditation ist. Er empfahl diese Praxis auch seinen Anhängern und Besuchern, die ihn oft auf seiner Wanderschaft begleiteten. Arunachala spielte für Ramana in gewissem Sinn die Rolle eines Gurus. Dies kommt in den fünf Hymnen zum Ausdruck, die er 1913-1914 zum Lobpreis an Arunachala schrieb. Davon am bekanntesten ist sein Lied ›Die Hochzeitsgirlande aus Buchstaben‹, das aus 108 Versen besteht und in dem die Braut (der Verehrer/*Bhakta*, die Seele) dem Bräutigam (dem Geliebten, dem Selbst in Form des Berges) huldigt und seine höchste Liebe zum Ausdruck bringt. Es gehört in den Bereich religiöser Liebeslyrik. Eine Gruppe der Gefährten Ramanas ging regelmäßig in die Stadt hinunter, um sich die Nahrung für die Gemeinschaft zu erbetteln, und sang dabei diese Hymne. Die Stadtbewohner wussten dann, dass es sich um Anhänger Ramanas handelte.

Am 18. November 1907 fand die schicksalhafte Begegnung Ganapati Munis mit Ramana statt. Ganapati Muni war ein in Indien bekannter Sanskritgelehrter und -dichter, der sich intensiven spirituellen Übungen (v. a. *Mantra-Japa*) unterzog und einen eigenen Schülerkreis hatte. Mit seinen Übungen verfolgte er auch ein sozial-politisches Ziel, denn er träumte von einem erneuerten Indien. Als er an jenem Tag, von inneren Zweifeln über seine spirituelle Praxis geplagt, Ramana auf dem Berg aufsuchte, brach Ramana zum ersten Mal sein langjähriges Schweigen und lehrte mündlich: »Wenn man beobachtet, wo die Vorstellung des ›Ich‹ ihren Ursprung nimmt, wird der Geist von diesem Ursprung aufgesogen. Das ist *Tapas* (spirituelle Übung). Wenn man ein *Mantra* wiederholt und seine Aufmerksamkeit auf den Ursprung lenkt, wo der Laut des *Mantras* erzeugt wird, wird der Geist von diesem Ursprung aufgesogen. Das ist *Tapas*.«[5] Als Ganapati Muni die Antworten auf seine Fragen vernahm, erkannte er in Ramana seinen spirituellen Meister

---

[5] dto., S. 76

und machte ihn in Indien als ›Bhagavan Sri Ramana Maharshi‹ (erhabener großer Seher Ramana) bekannt. Seitdem wird von ›Ramana Maharshi‹ gesprochen. Im Gegenzug brachte er dem Maharshi vieles aus der Sanskrit-Literatur nahe. Auf seine Veranlassung hin schrieb Ramana seinen ersten Vers in Sanskrit, der die Quintessenz seiner Lehre enthält, und der in der ›Ramana Gita‹ Ganapati Munis (eine Sammlung der Lehre Ramanas) Einlass fand: »Mitten in der Höhle des Herzens scheint allein Brahman. Es strahlt dort als *Atman*, das Selbst, und wird unmittelbar als ›Ich-Ich‹ erfahren. Dringe ein in dieses Herz, indem du Selbstergründung übst oder in ihm tief untertauchst oder den Atem unter Kontrolle hältst, und bleibe beständig im Selbst.«[6]

1912 ereignete sich in Ramanas Leben eine Art zweiter Todeserfahrung, die diesmal auf eine reale körperliche Situation zurückzuführen war. Er hatte mit seinen Gefährten Palaniswami, Vasudeva Sastri und anderen ein Bad im Wasserspeicher des Pachaiamman-Tempels genommen und war in der stechenden Sonne auf dem Rückweg zur Virupaksha-Höhle. Als er den Tortoise Felsen (Schildkröten-Felsen) erreichte, setzte plötzlich sein Herzschlag aus, und sein Körper verfärbte sich dunkel. Seine Gefährten dachten, er sei gestorben. Wiederum war er sich währenddessen des Flusses des Selbst bewusst. Dann kehrte wieder Leben in ihn zurück. Zuweilen ist in den Biographien zu lesen, dass dieses Ereignis den endgültigen Übergang Ramanas zu einem äußerlich normalen Leben auslöste. Seit einiger Zeit hatte er wieder zu sprechen und regelmäßig zu essen begonnen. Er pflegte seinen Körper und verrichtete allerlei häusliche Arbeiten. Er schnitzte gerne Spazierstöcke sowie Löffel und Tassen, die er dann verschenkte. In der Folge entwickelte er viel Talent fürs Kochen, aber auch für die Planung

---

[6] dto., S. 80

der Gebäude, die im Laufe der Zeit im Ramanashram entstanden. Er war äußerst reinlich, sparsam im Umgang mit allen Dingen und umsichtig in allem Tun.

1916 stieß seine Mutter Alagammal zu der kleinen Gemeinschaft. Sie hatte Angehörige verloren und wollte ihren Lebensabend bei ihrem mittleren Sohn verbringen. Die Virupaksha-Höhle war für die wachsende Gemeinschaft zu klein geworden. Deshalb errichtete ein Anhänger namens Kandaswami etwas weiter oben am Berg den nach ihm benannten Skandashram. Von 1916 bis 1922 wohnte die Gemeinschaft dort. Die Mutter begann, einen geregelten Haushalt zu führen und für die Gemeinschaft zu kochen. 1918 stieß auch der jüngere Bruder Nagasundaram, der inzwischen Witwer geworden war, zu Ramana und führte ein Leben als *Sannyasin*. Man nannte ihn fortan ›Chinnaswami‹ (kleiner Swami), da er der Bruder des großen Swami war.

1922 wurde Alagammal ernsthaft krank. Ramana kümmerte sich um sie und verbrachte viele Stunden an ihrem Bett. Am 19. Mai, ihrem Sterbetag, saß er an ihrer Seite, legte seine rechte Hand auf ihre Brust (dem Ort des spirituellen Herzens) und seine linke auf ihre Stirn, bis sie ruhig wurde. Er ließ seine Hände in dieser Position liegen, bis sie gestorben war, und auch noch einige Zeit danach. Dann war er sicher, dass sie die letzte Befreiung erlangt hatte. Diese Praxis hat Ramana auch bei Palaniswami und einigen Tieren vollzogen. Die Handauflegung soll dem Geist (engl. mind) helfen, in seiner Quelle, dem spirituellen Herzen, unterzugehen. Wenn das geschieht, wird damit die endgültige Befreiung erreicht. Das spirituelle Herz lokalisiert Ramana auf der rechten Seite der Brust (nicht zu verwechseln mit dem Herz-Chakra im Yoga, das sich in der Mitte befindet). Er macht aber auch wiederholt deutlich, dass das Herz letztlich kein körperliches Zentrum ist, sondern die Mitte oder der Grund von allem, was existiert.

Alagammal wurde mit allen Ehren am Fuße des Berges begraben. Über ihrem Grab wurde ein einfacher Schrein errichtet. Fortan wurde dort regelmäßig die Puja (Gottesdienst) gefeiert, und Ramana und seine Gefährten besuchten täglich den Schrein. Im Dezember 1922 siedelten er und seine Gefährten endgültig zum Grab der Mutter um. Das war die Geburtsstunde des Ramanashram, der anfangs nur aus wenigen Hütten bestanden hatte und über die Jahre wuchs. Ab 1929 übernahm Chinnaswami die Ashram-Verwaltung. 1928 wurde die berühmte Alte Halle fertig gestellt. Dort war Ramana Tag und Nacht anzutreffen. Der Besucherstrom nahm zu. Es hatte sich ein Schülerkreis gebildet, der aus Anhängern bestand, die ständig bei Ramana wohnten, und solchen, die regelmäßig zu Besuch kamen. Unterkünfte für die Besucher, Küche und Speisesaal, Büro, Buchladen und eine Apotheke, der Kuhstall und die Veda-Schule wurden gebaut. 1925 war neben dem Ashram die *Sadhu*-Kolonie Palakothu entstanden, in der Schüler des Maharshi wohnten, die sich ganz der Meditation widmeten. Für Familien entstand ein kleines Wohngebiet in der Nähe namens ›Ramana Nagar‹. Der Maharshi legte ein natürliches Talent für die Planung der Bauprojekte an den Tag. Die meisten Bauten entstanden nach seinen einfachen Plänen. Das größte Bauvorhaben, der Tempel der Mutter, der den einfachen Schrein über ihrem Grab ablöste, wurde allerdings von einem örtlichen Tempelbaumeister ausgeführt. Nach 10jähriger Arbeit wurde er 1949 zusammen mit der Neuen Halle fertig gestellt und eingeweiht.

In den früheren Jahren betätigte sich Ramana als umsichtiger Koch und führte die Küche. Später war das wegen des zunehmenden Besucherstroms und der zahlreichen Bauprojekte nicht mehr möglich. Besucher saßen meist in Stille bei ihm in der Alten Halle. Manche stellten ihre Fragen, und er beantwortete sie. Viele dieser Gespräche sind überliefert worden und geben ein reiches Zeugnis von den täglichen Ereignissen in der Halle. Ramana war auch ein hervorragender Geschichtenerzähler und bediente sich dazu gerne der Erzählungen aus dem *Periyapuranam* und anderer spiritueller Werke.

Ramana war stets für Menschen und Tiere zugänglich. Einladungen nahm er nie an, denn dann wäre er für die Besucher nicht mehr verfügbar gewesen. Der Stundenplan im Ashram unterlag zunehmend strenger Regelungen. In späteren Jahren war er ständig von Menschen umlagert. Er musste so eingeschränkt wie ein Gefangener leben und konnte keinen Schritt mehr ohne Begleitung tun.

Zu Ramanas Verehren und Schülern zählten Menschen aus allen Ständen und von jeder Bildung. Unter ihnen war auch der bekannte Tamil-Poet Muruganar, der in einigen tausend Versen die Lehre Ramanas poetisch niederlegte. Kunju Swami, Echammal, Narasimha Swami, Yogi Ramiah, Munagala S. Venkataramiah, S.S. Cohen, Suri Nagamma, T.K. Sundaresa Iyer waren weitere Devotees, um nur einige Namen zu nennen. 1911 kam Frank Humphreys als erster westlicher Besucher zu ihm. Es folgten Paul Brunton (der durch sein Buch: ›A Search in Secret India‹ den Maharshi im Westen bekannt gemacht hat), Major Chadwick und Arthur Osborne. Mercedes De Acosta, Somerset Maugham und Henri Le Saux besuchten ihn, und einmal hätte beinahe ein Treffen mit Mahatma Gandhi stattgefunden. Nicht erwähnt sind all die Vielen, die keinen bekannten Namen tragen.

Tiere fühlten sich in Ramanas Nähe besonders wohl. Er behandelte sie mit Verständnis und Respekt und sprach mit ihnen. Affen, Streifenhörnchen, Kühe, Spatzen, Hunde, sie alle kamen zu ihm. Es gibt zahllose Tiergeschichten. Das berühmteste der Ashramtiere war aber die Kuh Lakshmi. Auch ihr verhalf Ramana zur letzten Befreiung, wie er es bei seiner Mutter getan hatte. Lakshmis Grab findet sich neben anderen Tiergräbern auf dem Ashramgelände.

Ramanas Gesundheit war nie besonders stabil. In späteren Jahren litt er zunehmend an Rheumatismus. 1949 wurde ein Krebsgeschwür an seinem linken Arm entdeckt. Es wurde viermal operiert. Über ein Jahr lang wurden alle möglichen Heilmethoden ausprobiert. Als ein Arzt Ramana vorschlug, den Arm zu amputieren, weigerte er sich mit den Worten: »Es gibt keinen Grund zur Beunruhigung. Der Körper selbst ist eine Krankheit. Lass ihn sein natürliches Ende nehmen.« Der Besucherstrom nahm in dieser Zeit erhebliche Ausmaße an, doch Ramana bestand darauf, dass alle ihn sehen konnten, so weit das möglich war. Er blieb gelassen und war der ruhende Pol in all dem geschäftigen Treiben.

Am 14. April 1950 starb Ramana Maharshi ohne Todeskampf, mit einem gütigen Lächeln auf den Lippen und Tränen in den Augen, während Devotees das ›Akshara Mana Malai‹ (Die Hochzeitsgirlande aus Buchstaben) sangen. In der Todesminute um 20:47 Uhr wurde von vielen Menschen ein meteorähnliches Gebilde am Horizont wahrgenommen, das langsam Richtung Arunachala zog und hinter dem Gipfel des Berges verschwand. Am 16. April wurde Ramana feierlich bestattet.

Die Anhänger Ramanas reagierten zunächst schockiert. Nach seinem Tod verließen die meisten den Ashram, der dadurch in finanzielle Nöte geriet und nahezu verwaiste und verkam. Allmählich erkannten seine Anhänger jedoch, dass der Meister nicht wirklich fort gegangen war, sondern in ihren Herzen weiterlebte. Es setzte eine große Rückkehrwelle ein. Heute ist Ramanashram ein international viel besuchtes spirituelles Zentrum.

Sri Ramanas Lehre ist von großer Schlichtheit geprägt. Zeitlebens hat er nur wenige Schriften selber verfasst und auch nur dann, wenn er dazu aufgefordert wurde. Neben den bereits erwähnten Sammlungen von Fragen und Antworten (›Nan Yar‹ und ›Vichara Sangraham‹) schrieb er 1914 seine fünf berühmten Hymnen Arunachala zu Ehren. 1912-1929 waren ›Upadesa Undiyar‹ (Quintessenz der spirituellen Unterweisung), ›Upadesa Manjari‹ (Die spirituelle Unterweisung) und ›Ulladu Narpardu‹ (Vierzig Verse) mit Ergänzungsversen entstanden. Ramana war im Laufe der Jahre durch den Umgang mit gebildeten Devotees vieles aus der *Advaita*-Literatur bekannt geworden. Teile daraus, die ihm besonders wichtig waren, übersetzte er in den 30er und 40er Jahren ins Tamil. So stellte er z. B. 30 Verse aus der *Bhagavad Gita* zusammen, übersetzte Teile aus *Shankaras* Werken und aus den Agamas (heilige Hinduschriften), die allesamt in den ›Collected Works‹ (Gesammelte Werke) enthalten sind. Des Weiteren dichtete er ›Fünf Verse für Arunachala‹ (›Arunachala Pancharatna‹) und übersetzte 1927 sein eigenes tamilisches Werk der ›Quintessenz der spirituellen Unterweisung‹ (›Upadesa Undiyar‹) ins Sanskrit (›Upadesa Saram‹), ins Malayalam und ins Telugu.

Sri Ramanas Lehre stellt nichts wesentlich Neues dar. Er lehrte vorwiegend *Atma Vichara* (Selbstergründung), wobei er auf die Bedürfnisse jedes einzelnen einging und auch alle anderen spirituellen Wege unterstützte. Allerdings war er der Auffassung, dass jeder spirituelle Pfad letztendlich in *Atma Vichara* münden würde und dass *Atma Vichara* der direkteste Weg von allen sei.

Bei der Selbstergründung wird bei dem bereits Bekannten angesetzt, nämlich beim eigenen Ich-Empfinden. Es wird erforscht, wo seine Quelle ist. Der Ich-Gedanke ist die Wurzel aller anderen Gedanken. Er erhebt sich nach dem Erwachen am Morgen und geht im Tiefschlaf wieder unter. Er ist also nicht beständig. Doch woher kommt dieses Ich-Bewusstsein? Nach Ramanas Lehre geht man den Weg des auswärts strebenden Geistes zurück und wendet ihn sich selbst zu. Man verfolgt, woher dieses ›Ich‹ eigentlich kommt. Ramana empfiehlt, sich die Frage »Wer bin ich?« zu stellen. Die Antwort darauf kann der Intellekt nicht geben, aber wenn die Zeit gekommen ist und die Übung (*Sadhana*) intensiv betrieben wird, wird sie sich von selbst einstellen und als das ewige und unzerstörbare pulsierende ›Ich‹ (Ramana nennt es ›Ich-Ich‹) des Selbst (*Atman, Brahman*) beständig erstrahlen. Damit ist dann das Ego endgültig in seine Quelle untergegangen, und das wahre Selbst tritt an seine Stelle, was zuletzt zu einer unverrückbaren und unumkehrbaren Erfahrung wird. Dieser Zustand wird im *Advaita* auch als ›Sein-Bewusstsein-Seligkeit‹ (*Sat-Chit- Ananada*) umschrieben. Dies entspricht der Lehre der *Upanishaden* und des *Vedanta*. Zugleich betont Ramana, dass dieses *Sadhana* (spirituelle Übung) des *Atma Vichara* die höchste Form von Hingabe (*Bhakti*) sei.

Ramanas Besonderheit war, dass er weniger durch Worte als vielmehr durch Schweigen lehrte. Der intensive Blick seiner Augen und die Ausstrahlung seiner ganzen Persönlichkeit waren so machtvoll, dass Menschen auf ihre ursprüngliche Bewusstseinsebene zurückgezogen wurden. Er sagte nie von sich selbst, er sei ein Guru. Dennoch erlebten und erleben seine Schüler ihn als *Sat-Guru*. Einer von ihnen war T.K. Sundaresa Iyer, dessen Erinnerungen nun folgen.

T.K. Sundaresa Iyer

von V. Ganesan

T.K. Sundaresa Iyer war nicht nur ein großer *Bhakta*, sondern auch ein Gelehrter, obwohl er keinen akademischen Grad besaß. Er hatte gute Kenntnisse in Englisch, Sanskrit und Tamil. Von allen wurde er liebevoll ›Sri T.K.S.‹ genannt. Bei den Gesprächen, die englischsprachige Besucher mit Bhagavan[7] führten, fungierte er als Dolmetscher. Er beantwortete die Ashrampost, die spirituelle Themen betraf, und fragte Bhagavan um Rat, wenn er auf besondere Fragen antworten musste. Auf diese Weise eignete er sich ein vollständiges und allumfassendes Wissen der Lehre Sri Bhagavans an, das in dieses Buch einfloss.

Seine Erinnerungen porträtieren die Schönheit und das Mitgefühl der Persönlichkeit Sri Bhagavans. Die Erzählung, wie Bhagavan sich um das Vogelei mit dem Riss in der Schale kümmert, ist dafür ein leuchtendes Beispiel. Seine Sprache ist einfach, aber aussagekräftig, und sein Buch steht in nichts hinter anderer spiritueller Literatur zurück.

Sri T.K.S.'s Leben ist eine Widmung an die spirituelle Suche. 1908 besuchte er Bhagavan zum ersten Mal. Nachdem er ihn einmal gesehen hatte, wurde er ein leidenschaftlicher Verehrer. Ebenso wurde er von der einnehmenden Persönlichkeit Kavyakantha Ganapati Munis angezogen. Als Ganapati Muni 1926 nach Belgaum ging, blieb T.K.S. in Tiruvannamalai zurück und machte den Ashram zu seiner Heimat.[8]

---

[7] Im Folgenden wird Ramana meist »Bhagavan« genannt. Diese ehrenvolle Anrede ist unter seinen Devotees gebräuchlich.
[8] Da Sundaresa Iyer Familie hatte, wohnte er außerhalb des Ashrams, war aber so oft als möglich bei Sri Ramana.

Obwohl er arm war, besaß er doch einen großen spirituellen Reichtum, den er mit den anderen Devotees teilte, indem er viel von seiner Zeit dem Dienst im Ashram widmete.

Vor seinem Tod lebte er einige Zeit im Ashrambereich und war ein lebendiges Beispiel von Demut und Hingabe. Im Februar 1965, nachdem er fast 50 Jahre ein enger Anhänger Sri Bhagavans gewesen war, starb er friedlich im Alter von 68 in Ramana Nagar.

Teil I: Mein Leben mit Bhagavan

Sundaresa Iyer

1. Die Gnade des Meisters

1908, als ich ein Junge von 12 Jahren war, lebte Bhagavan in der Virupaksha-Höhle. Mein Cousin Krishnamurthi besuchte ihn täglich, sang fromme Lieder und verehrte ihn. Ich fragte ihn, wohin er denn ginge. Er erwiderte: »Der Herr des Berges sitzt in menschlicher Gestalt dort oben. Warum kommst du nicht mit mir?« Da stieg auch ich den Berg hinauf. Bhagavan saß auf einer Felsplatte und war von etwa zehn Devotees umringt. Jeder trug ein Lied vor. Er wandte sich mir zu und fragte: »Willst nicht auch du ein Lied singen?« Mir fiel ein Lied von Sundaramurthi[9] ein, und ich

---

[9] einer der 63 Tamilheiligen des *Periyapuranam*

trug es vor. Es heißt darin: »Ich habe keine andere Hilfe außer Deine Heiligen Füße. Wenn ich mich an ihnen festhalte, dann wird mir Deine Gnade zuteil. Große Männer singen Dein Lob, o Herr! Lass meine Zunge Deinen Namen wiederholen, auch wenn mein Geist umherwandert.« »Ja, das sollte man tun«, sagte Bhagavan, und ich fasste es als seine Belehrung für mich auf. Von da an ging ich mehrere Jahre lang zu ihm, ohne einen Tag auszulassen.

Doch eines Tages fragte ich mich, warum ich ihn überhaupt besuchte. Wozu war das schon nütze? Ich schien keinen inneren Fortschritt zu machen. Den Berg hinaufzusteigen war vergebliche Mühe. Deshalb beschloss ich, meine Besuche auf dem Berg zu beenden. Genau 100 Tage lang sah ich Bhagavan nicht. Am 101. Tag hielt ich es jedoch nicht länger aus und lief zum Skandashram hinauf, der oberhalb der Virupaksha Höhle liegt.[10] Bhagavan sah mich, stand auf und kam mir entgegen. Als ich ihm zu Füßen fiel, konnte ich mich nicht länger beherrschen und brach in Tränen aus. Ich klammerte mich an seine Füße und wollte nicht mehr aufstehen. Bhagavan zog mich hoch und fragte: »Es ist über drei Monate her, seit ich dich zum letzten Mal gesehen habe. Wo warst du?« Ich erzählte ihm, dass ich gedacht habe, ihn zu treffen sei nutzlos. »Und wenn schon!,« antwortete er. »Mag sein, dass es nutzlos ist. Dennoch hast du gespürt, dass dir etwas fehlt, nicht wahr?« Da verstand ich, dass wir nicht zu ihm gehen, um irgendeinen Gewinn daraus zu ziehen, sondern weil es für uns ohne ihn kein Leben gibt.

Immer, wenn ich zu Bhagavan den Berg hinaufstieg, kaufte ich etwas zu essen und brachte es als eine Gabe mit. Eines Tages hatte ich jedoch kein Geld. Ich stand niedergeschla-

---

[10] Sri Ramana war 1916 von der Virupaksha-Höhle in den größeren Skandashram übergesiedelt.

gen vor Bhagavan und sagte: »Dieser arme Mann hat nichts mitgebracht.« Bhagavan schaute mich fragend an und meinte: »Warum? Du hast doch die Hauptsache mitgebracht. Alles andere ist unwichtig.« Ich fragte mich, was ich mitgebracht haben sollte. »Verstehst du nicht? Du hast dich selbst mitgebracht«, lachte Bhagavan.

Die Jahre vergingen. Ich wurde verheiratet und führte ein geordnetes Familienleben, wie es in den Heiligen Schriften vorgeschrieben ist. Ich studierte die *Veden*, verehrte die Ahnen und Götter, wie es vorgeschrieben ist, und speiste die fünf Arten von Lebewesen[11]. Ich war politisch und religiös aktiv und ging von Dorf zu Dorf, um das *Periyapuranam* zu lehren. Aber ich fand auch Zeit, Bhagavan recht oft zu besuchen.

Etwa 1920 ließ sich Kavyakantha[12] Ganapati Muni in Tiruvannamalai nieder. Jeder nannte ihn ›Nayana‹ (Vater). Er war ein geliebter Schüler Bhagavans. Er wurde der Präsident des Komitees des Stadtkongresses in Tiruvannamalai.

Seit meiner Jugend gehörte ich Tilaks[13] Bewegung an und glaubte nicht recht an die Zukunft von Mahatma Gandhis Programm. Eines Tages sagte ich zu Nayana: »Ich erwarte nicht viel von politischen Aktivitäten. Ohne Gottes Gnade wird nichts Erfolg haben. Unsere Hauptaufgabe ist deshalb, um seine Gnade zu bitten. Menschen, die so begabt sind wie

---

[11] Die fünf Arten von Lebewesen: Mineralien, Pflanzen, Tiere, Menschen und Götter

[12] »Kehle der Poesie«, ein Ehrentitel, der Ganapati Muni wegen seiner Virtuosität in Sanskrit verliehen wurde.

[13] Balwantrao Gangadhar Tilak (1856-1920) war ein indischer Philosoph, Politiker und Vorkämpfer der indischen National- und Unabhängigkeitsbewegung. Er widmete sich der Aufgabe, die indische Gesellschaft auf der Basis der hinduistischen Tradition zu reformieren und die britische Fremdherrschaft abzuschütteln.

du, sollten ihre spi-
rituellen Kräfte zur
Besserung der Welt
und Befreiung des
Landes nutzen und
nicht ihre Zeit mit
Reden vergeuden.«
Ihm gefiel der Ge-
danke, und er bat
mich, bei ihm zu
bleiben und Gott um
Gnade zu bitten. Ich
studierte bei ihm die
Veden, er lehrte
mich die Lyrik des
Rig-Veda und er-
klärte mir seine Be-

deutung. In ganz Indien wurden Mahendra-Gesellschaften
gegründet, und ich wurde dort Generalsekretär. Das Ziel
war, Freiheit für unser Land zu gewinnen, und zwar durch
rein fromme Mittel wie Rituale, Gebete und persönliche
sowie gemeinsame Bußübungen. Wir hatten über 10.000
eingetragene Mitglieder.

Nayana wohnte meist in der Mangobaum-Höhle auf dem
Arunachala und besuchte Bhagavan gelegentlich. Er sprach
mit ihm über die *Shastras,* und Bhagavan beantwortete seine Fragen. Nayana war ein großer Gelehrter. Bhagavan war
nur mäßig gebildet, aber Nayana pflegte zu sagen: »Ohne
seine Gnade kann man die Komplexität der Schriften nicht
verstehen. Ein Wort von ihm macht alles klar.«

Wenn Nayana jemanden mit geschlossenen Augen vor
Bhagavan meditieren sah, schalt er ihn: »Wenn die Sonne

vor dir erstrahlt, warum schließt du dann die Augen? Meinst du es ernst oder willst du nur zeigen, was für ein frommer Bursche du bist?«

Im Skandashram folgte ein Pfau Bhagavan überallhin. Eines Tages kam eine große schwarze Kobra in den Ashram, und der Pfau griff sie heftig an. Die Kobra stellte ihren Schild, und die beiden natürlichen Feinde machten sich zu einem Kampf auf Leben und Tod bereit. Bhagavan ging ganz nahe an die Kobra heran und sagte zu ihr: »Warum bist du hergekommen? Dieser Pfau wird dich töten. Am besten, du gehst sofort wieder.« Da senkte die Kobra ihren Schild und glitt davon.

1929 wurde ich der Unstrukturiertheit meines inneren Lebens überdrüssig und bat Bhagavan um klare Anweisungen, in welche Richtung ich meine spirituelle Praxis ausrichten sollte. Er gab mir das Kaivalyam[14] zu lesen und erklärte mir die Bedeutung einiger dieser heiligen Verse. Von da an gab ich mich völlig dem spirituellen Leben hin. Ich erfüllte meine Pflicht als Lehrer in der Schule und unterstützte meine Familie, aber ich tat es wie etwas, das man tun muss, das jedoch bedeutungslos ist. Es war wunderbar, wie ich all die Jahre so abgelöst sein konnte. Es war gänzlich Bhagavans Gnade.

An einem Neumondtag hatten sich alle Ashram-Bewohner im Speisesaal zum Frühstück niedergesetzt, ich aber blieb stehen und sah zu. Bhagavan bat mich, ich möge mich doch ebenfalls zum Frühstück setzen. Ich erwiderte, dass ich heute nichts essen würde, da ich die Gedächtnisfeier für meinen Vater begehen müsse. (Durch diese Zeremonien wird es den

---

[14] Das Kaivalya Navaneeta ist ein Klassiker der Vedanta-Literatur.

Vorfahren ermöglicht, in den Himmel zu kommen.) Bhagavan erwiderte, dass mein Vater schon im Himmel sei und es nichts für mich gäbe, was ich noch für ihn tun könnte. Wenn ich frühstücken würde, könnte es ihm nicht schaden. Ich zögerte noch immer, da ich an die althergebrachte Tradition gewohnt war. Bhagavan stand auf und sorgte dafür, dass ich mich setzte und Reiskuchen aß. Von da an gab ich es auf, für die Vorfahren Zeremonien auszuführen.

Einmal wurde Chinnaswami[15] sehr böse auf mich, und ich war deswegen sehr gereizt. Ich konnte nichts zu Abend essen. Hungrig, aber mit einem Gefühl der Unversöhnlichkeit sagte ich am nächsten Morgen zu Bhagavan, der gerade Reiskuchen zubereitete, dass ich es eilig habe, da in der Stadt einige Schüler auf mich warten würden. Er erwiderte: »Jetzt ist die Katze aus dem Sack! Heute ist Sonntag. Du hast keinen Unterricht zu geben. Komm, ich habe *Sambar* zum Frühstück zubereitet. Du solltest es probieren. Setz dich!« Er brachte ein Blattteller, legte es vor mich hin, häufte *Iddlies* und *Sambar* darauf und setzte sich neben mich. Er fing an Witze zu reißen und lustige Geschichten zu erzählen und ließ mich so meinen Kummer vergessen. Wie groß war doch Bhagavans Mitgefühl!

Meine Frau bereitete jeden Nachmittag etwas zu Essen und brachte es dann zum Ashram. Bhagavan bat sie oft, diese Gewohnheit aufzugeben, aber es war vergeblich. Eines Tages sagte er zu ihr: »Heute ist es das letzte Mal, dass ich von deinen Speisen esse. Nächstes Mal werde ich es nicht mehr tun.«

Am selben Tag erzählte er uns, wie ein bestimmtes Gericht zubereitet wird. Am folgenden Tag brachte meine Frau

---

[15] Chinnaswami (wörtl. kleiner Bruder) war Sri Ramanas jüngerer Bruder und Verwalter des Ashrams.

dieses Gericht. Bhagavan erinnerte sie daran, was er ihr gesagt hatte, aber was konnte er schon gegen ihren flehenden Blick ausrichten? Er kostete davon und sagte, es schmecke vorzüglich.

Sundaresa Iyer in der vierten Reihe stehend, der erste von links, in weiß gekleidet

Eines Tages bat ich meine Frau, Reiskuchen zu machen, und sagte im Scherz, dass sie alle zerbrochenen Reiskuchen Gott opfern sollte. Die Zubereitung von Reiskuchen ist nicht schwer, und normalerweise bleiben sie ganz. Zudem war meine Frau eine gute Köchin. Als ich aber nach Hause kam, waren alle zerbrochen. Um mein Gewissen zu beruhigen, brachte ich sie alle Bhagavan. Ich erzählte ihm die Geschichte, wie *Shiva* die Gestalt eines Tagelöhners annahm und sich mit zerbröckelnden Reiskuchen ausbezahlen ließ. Da gab es keine ganzen Reiskuchen mehr. Bhagavan gefiel die Geschichte. Er nahm etwas von den Reiskuchen und ließ das Übrige unter alle Anweisenden verteilen.

Mein zweiter Sohn war faul und schlecht in der Schule. Bald kam der Tag für seine Abschlussprüfung auf der Oberschule, und seine einzige Vorbereitung darauf war, sich einen neuen Füller zu kaufen. Er brachte ihn zu Bhagavan und bat ihn, den Füller durch seine Berührung zu segnen, damit er eine gute Prüfung schreiben würde. Bhagavan wusste, dass er faul war, und meinte, dass er nicht erwarten dürfe die Prüfung zu bestehen, da er ja fast nichts gelernt habe. Mein Sohn erwiderte, dass Bhagavans Segen mehr nütze als das Lernen. Bhagavan lachte, schrieb mit dem neuen Füller ein paar Wörter und gab ihn ihm zurück. Der Junge bestand, was wirklich ein Wunder war.

In jenen Tagen kümmerte ich mich um die abgehende Ashrampost.[16] Ich zeigte Bhagavan meine Antworten im Konzept, erhielt seine Zustimmung, gab den Briefen den letzten Schliff und schickte sie ab. Wir erhielten einige Briefe mit sehr gescheiten und komplizierten Fragen. Die Fragen und Antworten würden ein aufschlussreiches Buch ergeben.

Eines Tages wurde die Büro-Kopie einer solchen Antwort dazu benutzt, Süßigkeiten einzuwickeln, und sie fiel in Bhagavans Hände. Er ließ mich holen und sagte mir klipp und klar, was er über einen solchen Missbrauch von spirituellen Niederschriften hielt. Ich war eingeschüchtert, und zugleich tat es mir um die Schriftstücke leid. Ich versuchte herauszufinden, wer sie in den Speisesaal gebracht hatte, aber keiner gab es zu. Alle gaben mir die Schuld, und so blieb die Sache an mir hängen.

Chinnaswami hatte mit einem Bauprojekt im Ashram begonnen und benötigte Geld für die Fertigstellung. Sein Plan

---

[16] Sri Ramana beantwortete Briefe nie selbst.

war, dass einige langjährige Mitglieder des Ashrams mit einem Empfehlungsschreiben von Sundaram Chettiar, eines Richters im Ruhestand, den Maharaja von Mysore um Geld bitten sollten. Ich wurde gebeten, die Angelegenheit Bhagavan vorzutragen und seinen Segen zu erhalten. Ich kannte Bhagavans Abneigung gegen solche Dinge und fürchtete seine Reaktion, aber noch mehr fürchtete ich Chinnaswami. Schließlich tat ich es indirekt, indem ich einen Brief an den Richter entwarf, in dem ich ihm die Sache erklärte. Ich gab Bhagavan den Entwurf zur Durchsicht. Er las ihn, warf in fort und sagte mit Verachtung: »Immer müssen wir um Geld bitten! Wir denken immer nur ans Geld und vergeuden unser Leben dafür. Was habe ich mit Geld zu tun?«[17]

Die Stadtverwaltung war in ihrer Gesinnung dem Ashram gegenüber gespalten. Es gab eine Gruppe, die den Ashram unterstützte und eine andere, die ihn diffamierte und Unruhe stiftete. Da wurde dem Ashram eine Steuer auferlegt. Wir erhoben dagegen Einspruch. Bei jeder Sitzung der Stadtverwaltung wurde das Thema verhandelt und heiß diskutiert, doch es kam zu keiner Entscheidung. Eines Tages, als die Sache mit der Steuer einmal wieder auf dem Tisch lag, wurde ich gebeten, an der Sitzung teilzunehmen und die Interessen des Ashrams zu vertreten. Ich betete zu Bhagavan: »Du regierst die Herzen aller, selbst jener, die den Ashram diffamieren.« Zu meiner Überraschung stellte sich mir nicht ein einziger von ihnen entgegen, und die Steuer wurde erlassen.

---

[17] Vermutlich handelte es sich dabei um das Bauprojekt des Tempels über dem Grab der Mutter, das zehn Jahre zur Fertigstellung benötigte (1939-1949). Es war das langwierigste und kostspieligste Gebäude auf dem Ashramgelände, das zur Zeit Ramanas entstanden ist.

Eines Tages erhielt ich das Angebot, jüdische Flüchtlinge in Solapur zu unterrichten. Die Arbeit würde gut bezahlt werden. Ich stimmte zu und erhielt per Telegramm den Antrittstermin. Ich zeigte das Telegramm Bhagavan. Er sagte: »In Ordnung, geh hin.« Noch bevor ich die Halle verließ, überkam mich eine düstere Stimmung, und ich begann zu zittern und zu jammern: »Was tust du da? Du gehst von deinem Guru weg!« Ich kehrte um, fiel Bhagavan zu Füßen und klagte: »Ich kann nicht gehen! Ich kann Dich nicht verlassen!« Bhagavan lachte. »Nun schaut euch bloß diesen Mann an! Er ist seit zwanzig Jahren hier und mit welchem Ergebnis! Er glaubt, es gibt Orte, wo Bhagavan nicht ist und will deshalb nicht gehen!« Erbarmungslos verspottete er mich und befahl mir, meine Sachen zu packen und nach Solapur zu gehen. Also machte ich mich reisefertig.

Da kam ein reicher Seth[18] zum Ashram, der unzählige Fragen aufgeschrieben hatte. Bhagavan beantwortete sie alle, aber in Tamil. Der Herr schrieb die Antworten in seiner Sprache (Punjabi) nieder.

Am nächsten Tag kreuzte ein großer Wagen vor meiner Schule auf. Ich wurde im Ashram verlangt. Bhagavan bat mich, den hohen Herrn zu treffen und zu überprüfen, ob seine Übersetzung fehlerfrei sei. Diese Arbeit kostete mich sechs Stunden. Mir wurden dafür 30 Rupien angeboten, aber ich lehnte ab, da es Bhagavans Werk war und ich dafür kein Geld nehmen wollte. Der Herr berichtete Bhagavan davon. Bhagavan befahl mir, die Bezahlung anzunehmen, und fügte hinzu: »Jetzt hast du genug Geld für die Reise nach Solapur.«

Ich machte mich also auf den Weg nach Solapur. In Bangalore bekam ich hohes Fieber, das täglich schlimmer wurde. Ich telegrafierte nach Solapur, dass ich nicht in der

---

[18] Angehöriger einer höheren Kaste im Punjab

Lage sei, die Arbeit anzutreten. Doch am nächsten Tag war das Fieber verschwunden. Jetzt war ich arbeitslos, und Geld hatte ich auch keines mehr. Reumütig kehrte ich zu Bhagavan zurück. Ich hatte die bittere Lektion gelernt: Ich hätte mich von Anfang an nicht von dem Job verführen lassen sollen!

Einmal schrieb ich zwei Verse in Tamil, einen zum Lobpreis für den Herrn ohne Eigenschaften und den anderen für den Herrn, der sich in unzähligen Gestalten manifestiert. Im letzteren Vers schrieb ich: »...von dem Gnade über alle Lebewesen strömt.« Bhagavan bat mich, einen Buchstaben davon zu verändern, und dies ergab die Bedeutung: »...der seine Gnade zu allen Lebewesen lenkt.« Der Gedanke war der, dass die Gnade nicht nur ein passiver Einfluss ist, sondern zielgerecht dorthin gelenkt werden kann, wo sie am nötigsten gebraucht wird.

Bhagavan gab uns einen greifbaren Beweis von Gottes Allmacht, Allwissenheit und Allgegenwart. Wenn wir staunend und voller Verehrung seine bedingungslose Liebe für alle Lebewesen sahen, schwand unser Ego-Gefühl. Obwohl wir äußerlich betrachtet scheinbar dieselben Personen blieben, arbeitete er in unserem Inneren und vernichtete die tiefen Wurzeln der Getrenntheit und des Selbstinteresses. Es kommt immer der Tag, an dem der Baum des Egos, der von seinen Wurzeln getrennt ist, plötzlich zusammenbricht und nicht mehr existiert. Das ist die Gnade des Gurus.

2. Die Größe des Maharshi

Sundaresa Iyer mit Sri Ramana

Bhagavan Sri Ramana Maharshis Größe braucht hier nicht erneut erwähnt zu werden. Er war von Geburt an ein Wissender (*Jnani*). Durch einen Todesschock in seinen Teenagerjahren erwachte er zur Wirklichkeit des Selbst, das vom Göttlichen (*Brahman*) nicht getrennt existiert, zum Vierten Zustand (*Turiya*). Er wurde vom Arunachala angezogen, dem Berg, der wie ein Magnet die Seelen an sich zieht. Dort erstrahlte er als *Dakshinamurti,* indem er die göttliche Wirklichkeit durch Schweigen verkündete. In seiner Gegenwart genossen alle Lebewesen Frieden und Glückseligkeit, auch die Vögel und die wilden Tiere. Fast 40 Jahre lang war seine beruhigende Stimme, seine Ausstrahlung und seine Berührung der Trost von tausenden und aber tausenden von Pilgern aus Ost und West.

1950 warf er seine körperliche Hülle ab, aber in seiner transzendenten Gestalt IST er für immer. Obwohl wir nicht länger seine Stimme hören und sein strahlendes Gesicht sehen konnten, entdeckten wir, je mehr die Jahre verstrichen, dass er immer noch in unserer Mitte war und ist und immer noch seine Schüler leitet, die aus entfernten Orten zu ihm, dem Licht wahrer und ewiger Weisheit, kommen. Es gibt nichts, was er nicht ist. Lasst uns deshalb unser individuelles Ich beiseitelegen oder ihm unterwerfen. Dann wird er uns mit seinem Sein erfüllen und unserem Leben die Seligkeit geben, indem er uns hilft, Er Selbst zu sein.

3. Die Stimme vom Berg des heiligen Feuers

Ein Mann aus Mysore stellte Sri Bhagavan eine Frage zu einem bekannten, aber heiklen Thema. Er fragte: »Bhagavan, was ist die Gnade des Gurus?« Alle Devotees warten gespannt auf die Antwort der statuengleichen Gestalt auf dem Diwan. Er sitzt dort, völlig unberührt von den Geschehnissen um ihn herum, und seine Augen blicken aus unbekannten Tiefen irgendwohin. Sie haben einen Ausdruck völligen Friedens, die selbst die Überheblichen betroffen macht. Er ist bescheiden, und doch spricht seine Autorität. Er ist nackt im wahrsten Sinn des Wortes, und doch in alles

Heilige gekleidet. Er ist arm, und beansprucht doch den ganzen Kosmos rechtmäßig als sein Eigentum. Er ist einfach und wird zur Frage und zum Wunder für alle, die ihn analysieren wollen. Er ist derjenige, nach dem das wahre Indien sucht, das von der reichen Tradition einer großen Vergangenheit genährt wird.

Der Weise vom Arunachala hatte bereits alle Brücken hinter sich abgebrochen, als er ein Junge von 17 Jahren war und in Madurai zur Schule ging. Dies geschah, damit er im Ozean von Arunachala untergehen und sich in ihm auflösen konnte, damit keine Spur seines kleinen ›ich‹ übrig blieb und er nur noch das Eine Selbst ist, das ist, war und immer sein wird. Dies bedeutet für ihn Arunachala – die eine strahlende und unveränderbare Wahrheit, die Grundlage von allem, was ist, war und sein wird. ›Aruna‹ bedeutet rot, strahlend und ›Achalam‹ der unveränderliche Felsengrund der Wahrheit.

Für Bhagavan bedeutet das Leben im Wachzustand so viel wie ein Augenblick in einem Traum. Für ihn besteht das einzige Problem des Lebens darin, wie man aus diesem beständigen Traum erwacht. Denn wenn wir aus dem Lebenstraum erwachen und uns des Einen Sehers bewusst werden und all dessen, was vor Seinem Blick an Schmerz- und Leidvollem vorüberzieht, dann werden wir für immer als der unberührte Zeuge verbleiben, der unsterblich und unendlich ist.

Was ist die Gnade des Gurus? Sie ist das, was uns aus unserem Lebenstraum erweckt, an den wir uns so beharrlich klammern, bis der Tiger des Todes über uns herfällt und uns davon überzeugt, dass er kurzlebig und unwirklich ist.

Was ist diese wunderbare Macht des wahren Gurus? Der Mensch ist es gewohnt, seine Sorgen mit immer mehr Linderungsmitteln zu betäuben. Doch je mehr er versucht, dem Morast zu entkommen, desto tiefer wird er in ihn hineingezogen. Aus schierer Verzweiflung geht er zu einem Erleuchteten und bittet ihn um Hilfe.

Der Meister sagt: »Du bist unglücklich, weil du dein Selbst nicht kennst.«

»Wie seltsam!«, denkt die verworrene Seele. »Kenne ich mich selbst denn nicht? Hier bin ich, und doch bin ich voller Sorgen!«

»Aber Sorge und Unstetigkeit sind nicht deine wahre Natur«, erwidert der Erleuchtete. »Du bist in Wirklichkeit Sein und Glückseligkeit.«

»Wie das?«, fragt der Mensch und ist noch verwirrter.

Mit einem bedeutungsvollen Blick sieht der Meister tief in die Seele des Suchenden und sieh da, welcher Freudentaumel, welches Glück und welche Stille! Der unruhige Mensch ist still geworden. Er sitzt, sitzt und sitzt. Während er den Meister anblickt, verstreichen die Minuten und Stunden fast unbemerkt. Tage und Monate verdichten sich zu einigen Augenblicken glücklichen Lebens. Der Wanderer hat seinen Hafen gefunden. Er ist von neuem Leben und Licht erfüllt und schwört bei sich: »Nie wieder werde ich meinen Meister verlassen, der alles für mich bedeutet!«

Eine Zeitlang bleibt er seinem Entschluss treu. Aber dann erwacht erneut das ›Ich‹, gefolgt vom Gedanken ›mein‹, die Reste seines unbedeutenden Seins, die in der Vergangenheit angesammelten Neigungen (*Vasanas*). Sie ziehen ihn mit aller Macht zurück und reißen ihn von der Brust seines Meisters. Er gleitet wieder in den Traum des Lebens zurück, den er inzwischen verabscheut. Jetzt gehört er weder der

Welt noch der Ewigkeit an. Gefangen in den Kräften der Welt, aber unfähig, mit ihnen im Einklang zu leben, kehrt er zu seinem Meister zurück und bittet ihn um Führung im Umgang mit den weltlichen Dingen. Der Meister bietet ihm nur zu gerne all seine Hilfe an, damit er sich wiederum aus den Schlingen befreien kann, in denen er sich erneut verstrickt hat. Der arme Mensch stellt fest, dass er wiederum die Puppen liebkost und umarmt, die er zuvor noch verabscheut hat. Und je mehr er es tut, desto mehr verbrennen sie ihn und machen ihn zum Gefangenen. Weder kann er sie aufgeben noch ihren Fängen entkommen. Er ist wie der sprichwörtliche Affe mit der Kobra in der Hand oder die Ameise, die zwischen zwei Feuern gefangen ist. Er wartet nur noch auf die kleinste Gelegenheit, seine weltlichen Geschäfte abzuwickeln, sich davonzumachen und vergessen zu werden, um für immer in die Stille seines Meisters zurückzukehren.

Jetzt ist er also zum Meister gekommen, findet sich aber völlig außerstande, wie früher seinen wohltuenden Trost zu empfangen. Sein Geist und seine Sinne haben ihn durch ihre neuerliche Verbindung mit den Dingen der Welt so sehr nach außen gerichtet, dass das Nach-Innen-Tauchen für ihn unmöglich geworden ist und der Vergangenheit angehört. Dieser Sog ist so stark, dass er sich jetzt verkaufen muss, damit in der Nähe des Göttlichen und durch Seine Gnade die rebellischen und widersprüchlichen Elemente seines Seins harmonisiert werden können. Das Leben, das ihm einst so teuer war, ist für ihn wertlos geworden, wenn er es nicht dem Meister in völliger Selbstverleugnung unterwirft.

Jetzt sagt der Meister zu ihm: »Die Menschen denken, dass der Meister auf eine menschliche Gestalt beschränkt ist, aber dem ist nicht so. Seine Existenz und Gegenwart sind universal und kosmisch, weil Er der wahre Guru (*Sat-Guru*) ist und das wahre Sein (*Sat*) als solches keine Wesenheit ist, die man neu entdecken könnte. Er war schon immer bei dir, selbst während all deiner Schicksalsschläge. In Wirklichkeit bin ich das ›Ich‹ in dir. Du und ich waren nie voneinander getrennt und können es nie sein. Aber du mit deinem eigenständigen ›Ich‹ und deinen eigenmächtigen und gegensätzlichen Interessen konntest Mich nicht erkennen und noch weniger spüren. Jetzt, da dieses ›Ich‹ in dir weggefallen ist, lebe Ich allein in dir.«

Dies ist die Bedeutung von *Tat Tvam Asi* (»Das bist du«) und die Bedeutung und Funktionsweise der Gnade des Gurus.

4. Sri Ramana gibt Rama-Darshan

Ich kam 1908 als Zwölfjähriger zum ersten Mal mit Sri Ramana Maharshi in Berührung. Ramana lebte damals in der Virupaksha-Höhle. Wer ihn in jenen Tagen gesehen hat, konnte ihn schwerlich nur für einen Menschen halten. Seine Gestalt glich einer Statue aus poliertem Gold. Er saß einfach da und sprach selten. Die Worte, die er an einem Tag sagte, konnte man leicht zählen. Er war eine Persönlichkeit, die bezauberte und jeden mit seiner Ausstrahlung gefangen nahm. Ein Leben spendender Strom ging von ihm aus, der jeden in seiner Nähe ergriff, während seine sprühenden Augen alle, die um ihn waren, in den Nektar seines Seins tauchten.

Friede, Friede, Friede! Jetzt hast du in ihm deine Individualität verloren. Er nimmt dich in sich auf, ist dein ein und alles, ist das All. Ich erinnere mich nur zu gut an das erste Lied, das ich damals in seiner Gegenwart sang. Seitdem hat er mich an sich gebunden. Ich weiß nur eines: dass er allein als das Göttliche existiert und alles andere nur scheinbar und nicht wirklich ist.

Nach meinem 19. Lebensjahr musste ich Tiruvannamalai nie mehr verlassen. Kavyakanta Ganapati Muni war zu jener Zeit ebenfalls in Tiruvannamalai. Seine ›Vedische Gesellschaft‹[19] war sehr aktiv, und er hielt Vorträgen über die *Veden*. Seine anziehende Persönlichkeit und seine Erläuterungen der Größe Bhagavan Sri Ramana Maharshis machten auf mich einen so tiefen Eindruck, dass ich beschloss, bei ihm die *Veden* zu studieren. Er akzeptierte mich gerne als seinen Schüler. Er lebte damals in der Mangobaum-Höhle, die unterhalb der Virupaksha-Höhle liegt. Acht Jahre lang studierte ich bei ihm die Schriften. Täglich besuchten wir den Maharshi und freuten uns, bei ihm zu sein.

Als Alagammal, die Mutter des Maharshi, gestorben war, ließ Bhagavan sich am Fuße des Berges nieder, und der jetzige Ashram entstand. Kavyakanta und seine Schüler kamen nun dorthin und führten unvergessliche, geistvolle Gespräche mit ihm. Wenn Ganapati Muni in der Halle war, konnte man den Maharshi voll erblühen sehen. Die Bandbreite der Gesprächsthemen umfasste verschiedene philosophische Schulen. Für den Ashram war es eine Zeit großer literarischer Aktivitäten. Neben Kavyakanta waren Kapali Sastry, Muruganar, Lakshmana Sarma, Arunachala Sastriar, Munagala Venkataramiah (der spätere Swami Ramananda Saraswathi, Autor der ›Gespräche mit Sri Ramana Maharshi‹), Sivaprakasam Pillai und viele andere in der Halle zugegen, die Tag und Nacht offen war. Es herrschte dann die große Freiheit Ramanas, unseres Herrn, Meisters und unseres wahren Selbst. Unser Leben war auf diese eine Persön-

---

[19] eine Vereinigung zur Befreiung Indiens durch spirituelle Praxis

lichkeit gegründet und ausgerichtet. Nichts bereitete uns größere Freude, als so oft wie irgend möglich bei ihm zu sein und zu tun, was er uns sagte.

Auf diese Weise verging die Zeit, bis Kavyakanta 1926 Tiruvannamalai für immer verließ und mich der Sorge Sri Maharshis anvertraute. In seinem ersten Brief an Bhagavan schrieb er: »Sundaresa muss einsam und traurig sein, seit ich ihn verlassen habe. Bhagavan möge besonders freundlich zu ihm sein.« Ich war in der Schule, als der Brief eintraf. Der Maharshi steckte ihn unter sein Kissen. Als ich zurückkam, zog er ihn hervor, las ihn mir vor und meinte: »Du bleibst besser in meiner Nähe. Ich muss jederzeit in der Lage sein, dich an Nayana auszuhändigen, sollte er kommen und dich von mir zurückfordern.«

Seitdem lebe ich im Ashram. Ich unterrichtete in der Schule und gab meiner Frau am Ende des Monats mein Gehalt. Dies war mein einziger Kontakt mit meiner Familie.

Unser Glück, bei Sri Bhagavan zu sein, war dem vergleichbar, das die Begleiter *Shivas* (Ganas) auf dem Berg Kailash empfunden haben mögen.[20] Sri Bhagavan pflegte zu sagen: »Kailash ist die Wohnstätte *Shivas*, doch Arunachala ist *Shiva* selbst. Sogar auf dem Kailash ist alles so, wie es hier bei uns ist. Devotees kommen zu *Shiva*, verehren ihn, dienen ihm und hören tagein, tagaus seine Auslegungen der *Veden* und des *Vedanta*.« So war der Kailash hier, zu Füßen des Berges Arunachala, und Bhagavan Sri Ramana Maharshi war Arunachala *Paramatma* (das höchste Selbst) in menschlicher Gestalt.

---

[20] Die Ganas sind Geister und Kobolde, die *Shiva* begleiten. Der Legende nach wohnen einige von ihnen mit ihm auf dem Kailash. Sri Ramana verglich gerne den Arunachala mit dem Kailash.

An meinem 36. Geburtstag im Mai 1933 saß ich nach meinem üblichen Bad und meinen Gebeten in nachdenklicher Stimmung bei Bhagavan. Ich schrieb an ihn folgendes Bittgebet: »O Bhagavan, jetzt habe ich dreieinhalb Jahrzehnte hinter mich gebracht und immer noch nicht dein wahres Wesen erfahren. Bitte berühre mich am heutigen Tag mit deiner Gnade.« Ich gab ihm den Zettel und verneigte mich vor ihm.

Er las den Zettel sehr langsam und sorgfältig, wie er es immer tat. Dann bat er mich, ich möge mich setzen und mich nach innen wenden. Die physische Welt verschwand, und an ihrer Stelle sah ich ein alles durchdringendes weißes Licht. Eine innere Stimme fragte mich, welche Vision ich haben wollte. Ich wollte den göttlichen *Rama* sehen. Da sah ich *Ramas* Königskrönung in allen Details. Die Vision war so deutlich und lebendig, dass sie jeder Beschreibung spottet. Sie dauerte etwa eine Stunde. Dann war wieder alles normal. Mit Freudentränen fiel ich Sri Maharshi zu Füßen, und meine Haare standen zu Berge. Als Bhagavan mich nach meiner Vision fragte, antwortete ich, ich hätte natürlich den geliebten *Rama* gesehen.

Bhagavan bat mich, das Buch *Dakshinamurti Ashtotarra*[21] zu holen, das ich noch nicht gelesen hatte. Er schlug eine Seite davon auf und gab sie mir zu lesen. Eine der Anrufungen lautete: »Om Sri Yoga Pattabhiramaya namaha.«[22] Bhagavan sagte: »Sri *Rama* ist *Dakshinamurti,* und *Dakshinamurti* ist Sri *Rama*. Weißt du wo Ayodhya[23] liegt? Die *Veden* sagen, Ayodhya liege in der Sonne und beschreiben sie als die achteckige Stadt Gottes mit den neun Toren.

---

21 die 108 Namen *Dakshinamurtis* (Preislied)
22 Der Name »Pattabhira« bezieht sich auf *Rama* bei seiner Krönung.
23 eine der ältesten und heiligsten Städte Indiens, in Uttar Pradesh (Nord-Indien) gelegen, gilt als die Geburtsstadt *Ramas*.

Arunachala ist ebenfalls die achteckige Stadt, und der Herr Arunachala ist sowohl Sri *Rama* als auch *Dakshinamurti*. Man muss nicht zur Sonne gehen, um Ayodhya oder Sri *Rama* zu sehen, sondern kann sie hier und jetzt sehen.«

5. Keine Einweihung für Bhagavan

Bereits als Bhagavan auf dem Berg lebte, war er weithin als ein vollkommener *Jnani* bekannt. Die zahlreichen Menschen, die ihn besuchten, gehörten verschiedenen Religionen an. Einer dieser Besucher war Sri Vaishnava. Obwohl er ein strenggläubiger *Vishnu*-Anhänger war, respektierte und bewunderte er Bhagavan sehr, da er ihn für einen Menschen hielt, der die höchste Stufe des Yoga erlangt hatte. Zu unserer großen Verwunderung verstieß er gegen die vishnaitischen Gebräuche, indem er sich morgens und abends vor Bhagavan niederwarf. Er blieb drei Tage bei Bhagavan und führte mit ihm Gespräche über den Zustand des endgültig Befreiten (*Jivanmukta*).

Obwohl Sri Vaishnava ihn sehr lobte, konnte er nicht begreifen, wie ein *Jivanmukta* ohne formelle Einweihung zur Wohnstatt *Vishnus* gelangen könne. Auch sein eigener Lehrer zerbrach sich darüber den Kopf und hatte ihn mit dem Vorschlag zu Bhagavan gesandt, er würde selbst herkommen, um ihn mit einem *Mantra* einzuweihen und die *Vishnu*-Zeichen auf seiner Schulter anzubringen, sofern er einwilligen würde, sie aus seiner Hand zu empfangen. Sri Vaishnava fügte hinzu, dass sein Lehrer sehr um das Wohlergehen einer so seltenen Seele wie die des Maharshi besorgt sei und dass er von Gott in einem Traum beauftragt worden sei, ihn einzuweihen.

Alle Anwesenden waren gespannt, wie Bhagavan auf diesen so ungewöhnlichen Vorschlag reagieren würde. Doch er verharrte in seinem üblichen Schweigen. Vielleicht hoffte er, der Abgesandte würde wieder gehen, wenn er einsah, dass seine Mission gescheitert war. Aber der *Vishnu*-Anhänger blieb. Bhagavan löste das Problem schließlich, indem er leise bemerkte: »Wenn Gott auch mir im Traum erscheint und mir befielt, die Einweihung anzunehmen, werde ich es tun.«

Drei Tage nach der Ankunft jener frommen Seele kam ein alter Brahmane zum Skandashram, der ein Bündel bei sich trug. Als er sich vor Bhagavan verneigt hatte, legte er es vor ihm nieder und ging, um sein rituelles Bad zu nehmen. Seltsamerweise kehrte er nicht wieder zurück. Nach einer Weile schnürte Bhagavan das Bündel auf, neugierig darauf, was es enthalten mochte. Es enthielt ein Palmblatt-Manuskript des *Arunachala Puranam*. Bhagavan löste die Schnüre, begann zu lesen und stieß auf folgenden Vers über die Einweihung: »Jene, die in einem Radius von 24 Meilen beim Arunachala wohnen, wird die Einheit mit MIR gewährt. Sogar ohne Einweihung werden sie von den Unreinheiten befreit. Dies habe ich beschlossen, und so lautet MEIN Geheiß.«

Der *Vishnu*-Anhänger war verblüfft. Sowohl das Auftauchen des *Arunachala Purana* als auch das Verschwinden des alten Brahmanen kamen im rätselhaft vor. Alle spürten, dass der Herr *Arunachaleswara* selbst ihm diesen Vers als Antwort auf seine Zweifel gegeben hatte. Er verabschiedete sich von Bhagavan und versprach, die ganze Geschichte seinem Lehrer zu erzählen.

Wie seltsam ist doch die Vorstellung, dass ein *Jivanmukta*, der schon vollkommen ist, noch etwas aus der Hand eines anderen empfangen könnte!

6. Darshan an Depavali

Bhagavan gehörte unser ganzes Herz. Er war uns Vater, Mutter, Gott und Guru, alles in einem. Wir gingen nicht gerne von ihm fort, weder am Tag noch in der Nacht. Wir schliefen draußen vor der Alten Halle, und Bhagavan auf seinem Sofa war von dort aus für uns immer sichtbar.

In der Nacht vor *Depavali* 1929, während des ersten Jahres, das ich im Ashram verbrachte, schlug Bhagavan vor, ich möge heimgehen, um mein ›Bad im Ganges‹[24] zu nehmen. Aber für mich und alle anderen ist der Anblick Bhagavans das ›Bad im Ganges‹«. Ihn zu sehen, bedeutet die Verehrung *Shivas*, die Erfüllung jeden religiösen Rituals und die Praxis aller Entsagungen. Da ich nicht gegen Bhagavans Anordnung verstoßen wollte, ging ich spät abends heim. Ich wollte jedoch möglichst bald wieder bei ihm sein. Deshalb weckte ich meine Frau und meine Kinder bereits um 2 Uhr nachts für die Zeremonie auf und beeilte mich, wieder in seine segensvolle Gegenwart zu kommen.

Bhagavan lag zurückgelehnt auf seinem Sofa. Es war jetzt etwa 3.30 Uhr. Wie üblich warf ich mich vor ihm nieder und setzte mich in seine Nähe. Plötzlich erschien eine Aura um seinen Kopf. Sie war wie ein Heiligenschein aus ebenmäßig angeordneten Flammen, wie wir sie von den Götterstatuen der Tempelprozessionen her kennen. Bhagavans Gesicht erstrahlte in einem Lächeln. Mir kam es so vor, als würde er zu diesem besonderen Anlass den *Darshan Natarajans*, des Herrn des kosmischen Tanzes, geben. Ich glaube, ich habe in meiner Ekstase Lieder aus dem *Tevaram* gesungen, die ich so gerne mag wie die *Veden*.

---

[24] rituelles Ölbad am Morgen von *Depavali*. Es wird ›Bad im Ganges‹ genannt, da es wie das Bad im heiligen Ganges als reinigend gilt.

Die Erscheinung dauerte eine halbe Stunde. Dann verschwand das Strahlen wieder. Um 4 Uhr setzte sich Bhagavan in aufrechter Position hin, um seinen *Betel* zu kauen. Ich erzählte ihm von meiner Vision, und Bhagavan schenkte mir erneut ein strahlendes Lächeln.

Von einem ähnlichen Erlebnis berichtet Baron Hans-Hasso von Veltheim-Ostrau: »Meine Augen in die goldenen Gründe des im *Samadhi* weilenden Maharshi getaucht, trat nun etwas ein, was ich nur mit größter Scheu in aller Bescheidenheit, der Wahrheit gemäß, ganz kurz und einfach zu sagen vermag. Die tiefe Schwärze seines Körpers verwandelte sich allmählich in weiß. Dieser weiße Körper wurde hell und heller, als ob er von innen erleuchtet wäre, und begann zu scheinen! Über dieses Erlebnis war ich, als ich es mir denkerisch bewusst machte, derartig erstaunt, dass ich sofort an Suggestion, Hypnose und dergleichen dachte. Ich begann deshalb, sogenannte ›Kontrollen‹ zu machen, indem ich auf die Uhr sah, mein Notizbuch herausnahm und darin las, wozu ich die Brille erst suchen und aufsetzen musste, usw. Dann sah ich den Maharshi, der nicht von mir fortgesehen hatte, wieder an und sah ihn mit denselben Augen, die eben eine Tagebuchnotiz lesen konnten, wieder als Lichtgestalt auf seinem Tigerfell sitzen.«[25]

Dies war kein seltenes Ereignis im Leben der Devotees. Bhagavan hätte es allerdings mit der Bemerkung abgetan: »Es ist alles nur im Geist«, wie er es mit allen anderen von den Sinnen wahrnehmbaren Wundern tat.

---

[25] Veltheim-Ostrau: Der Atem Indiens, S. 264f

7. Das Vorwort zu den ›Gesammelten Werken‹

Etwa 1927 wurde Sri Bhagavans ›Nool Thirattu‹ (seine ›Gesammelten Werke‹ in Tamil) zur Veröffentlichung vorbereitet. Die Gelehrten im Ashram meinten, dass das Buch ein Vorwort haben sollte, während die Devotees des Maharshi meinten, dass keiner in der Lage sei, ein Vorwort zu seinen Werken zu verfassen. Obwohl die Gelehrten ein Vorwort wollten, erklärte sich keiner von ihnen bereit, es zu schreiben. Jeder entschuldigte sich damit, dass er dafür nicht qualifiziert sei. Das Hin und Her dauerte mehrere Stunden. Der eine schlug den anderen für diese Aufgabe vor, und jeder wies die Ehre von sich. Bhagavan beobachtete schweigend das Schauspiel.

Etwa um 22.30 Uhr kam ich an der Halle vorbei. Bhagavan sah mich und sagte: »Warum schreibst nicht du das Vorwort?« Ich war von seinem Vorschlag betroffen, sagte jedoch: »Ich werde es nur wagen, wenn Bhagavans Segen auf dieser Aufgabe liegt.« Er antwortete: »Schreibe es. Es wird gut werden.«

Ich begann noch in derselben Nacht damit. Wie von einer höheren Macht getrieben war der Entwurf in einer dreiviertel Stunde fertig. Ich änderte nicht einmal ein Komma und legte ihn um 2 Uhr morgens Bhagavan zu Füßen. Der Aufbau und die einfache Ausdruckweise gefielen ihm. Er gab sein Einverständnis und entließ mich. Ich war mit meinen Blättern noch nicht weit gekommen, als er mich herbeiwinkte und sie nochmals sehen wollte. Ich hatte geschrieben: »Es bleibt zu hoffen, dass jene, die dieses Buch lesen, die Befreiung erlangen, die Friede und Glück schenkt.« Der Maharshi meinte: »Warum sagst du: ›Es bleibt zu hoffen‹? Warum nicht: ›Es ist gewiss‹?« Und er korrigierte eigenhändig mein »nambukiren« zu »tinnam«.

Damit besiegelte Sri Maharshi seine Zustimmung für das Buch, indem er seinen Devotees mit seiner Lehre (*Upadesa*) den großen Freibrief aushändigte, und nicht den geringsten Zweifel bestehen ließ.

8. Bhagavan erzählt vom Heiligen Kannappar

Wie die Devotees von Bhagavan Sri Ramana wissen, gab es ein tamilisches Buch, das sein inneres Leben drastisch beeinflusste: das *Periyapuranam* des heiligen Dichters Sekkilar. Er las es, als er noch zur Schule ging. Dieses Buch enthält die Lebensgeschichten der 63 Heiligen Tamil Nadus, die durch ihre äußerst hingebungsvollen Taten *Shivas* Gnade gewannen und den Zustand erlangten, von dem aus es keine Rückkehr zur Weltlichkeit mehr gibt.

Bhagavan machte nie einen Unterschied zwischen *Bhakti* (Hingabe, Gottesliebe) und *Jnana* (Erkenntnis), vorausgesetzt, dass dadurch der wahre Zustand erlangt wird. »In diesem Zustand ist *Bhakti* nichts anderes als *Jnana* und *Jnana* nichts anderes als *Bhakti*.« Dies ist Bhagavans Erfahrung von beidem.

Da Sri Ramana beständig schwieg, betrachtete man ihn als *Dakshinamurti*. Seine Lehre betonte immer den Aspekt von Ursache und Wirkung und ließ scheinbar keinen Raum für etwas anderes als die reine Vernunft. Die Leute meinten sogar, das alles sei kalte und herzlose Logik. Aber jene, die mit ihm lebten, wussten nur zu gut, dass Bhagavans Herz – eine seltsame Ausdrucksweise, denn ist Bhagavan vom Herzen verschieden? – voller Mitgefühl für die Leiden der Menschheit war. Sein großer Schüler Kavyakanta Ganapati

Muni sagte, dass Bhagavan die Erkenntnis *Shankaras*, das Herz *Ramanujas* und den analytischen Verstand *Madhavacharyas* besaß. Es mag sein wie es will. Immer wieder machte Bhagavan in seinem Leben den Aspekt des wahren *Bhakti* deutlich.

Eines Abends nach dem *Karthikai Deepam* wurden die Gottheiten *Arunachaleswara* und *Uma* in einer Prozession um den Berg herumgetragen. Als die Prozession vor unserem Ashram angelangt war, opferten wir ihnen Blumengirlanden, Kokosnüsse und beräucherten sie mit Kampfer. Dann brachten wir den brennenden Kampfer zu Bhagavan in die Alte Halle und schwenkten ihn zusammen mit der heiligen Asche (*Vibhuti*) von *Arunachaleswara* vor Bhagavan. Er aber rief aus: »Wozu soll das gut sein! Der Sohn ist im Vater!«[26]

Einmal brachte ihm jemand das *Periyapuranam* in Tamil, und er begann daraus vorzulesen. Bhagavan war ein Meister im Geschichtenerzählen. Er erzählte sie zu Hunderten. Sein Vortrag wurde von seinen Devotees immer sehr bewundert. Die Modulation seiner Stimme entsprach den verschiedenen Charakteren, und seine Gesten und Körperhaltungen waren völlig überzeugend. Seine Devotees verpassten keine Gelegenheit, bei solchen Anlässen in der Halle zu sein.

Bhagavan begann, die Lebensgeschichte des großen Heiligen Kannappar[27] vorzulesen: die Begebenheiten in seiner Jugend, wie er in den Wald ging und auf dem Berg Kalahasti (in Andhra Pradesh) das *Shiva-Lingam* vorfand, das er fortan als seinen Gott verehrte. Dann erzählte er, wie Kannap-

---

[26] Dieser Ausspruch erinnert an die Abschiedsnotiz Ramanas: »Ich bin fortgegangen, um meinen Vater zu suchen ...«
[27] die vollständige Geschichte s. Anhang

par dem *Shiva-Lingam* huldigte, indem er ihm Wasser in seinem Mund brachte, Blumen vor ihm ausstreute, die er in sein Haar geflochten hatte, und das schmackhafte Rindfleisch seiner eigenen Mahlzeit opferte. Er tat dies, da er es nicht besser wusste und seinem geliebten Herrn nichts anderes anzubieten hatte. Bhagavan stellte sehr charakteristisch dar, wie der Priester Shiva Gochariar, der für die Verehrung des *Lingam* offiziell zuständig war, die Entehrung des Heiligtums durch den Eindringling übel nahm. Zudem erklärte er die offiziellen Riten und die Bedeutung der *Mantren*, die während des Gottesdienstes gebraucht werden.

Dann folgte die Hauptszene: Die Gottheit, die in dem *Shiva-Lingam* wohnte, testete Kannappar und zeigte Shiva Gochariar in seinem Versteck, wie tief die Verehrung des Jägers war. Der Priester beobachtete, wie aus einem Auge des *Shiva-Lingam* plötzlich Blut rann, wie Kannappar überall nach heilenden Kräutern suchte, um damit das Auge des Herrn zu heilen, und wie er, als die Kräuter nicht halfen, sich eines seiner eigenen Augen herausriss und es auf das des *Shiva-Lingam* legte. Als Kannappar sah, dass dies half, tanzte er in ekstatischer Freude.

Als Bhagavan zu der Szene kam, wie Kannappar sein anderes Auge auch noch herausreißen wollte, um das zweite Auge seines Herrn [das anschließend ebenfalls zu bluten begonnen hatte] auf die gleiche Weise zu heilen, und wie das *Shiva-Lingam* eine Hand ausstreckte und ihm mit den Worten: »Halt ein, Kannappar!« Einhalt gebot, begann Bhagavans Stimme zu ersticken. Er begann heftig zu schwitzen, die Haare standen ihm zu Berge, Tränen strömten aus seinen Augen, er konnte kaum noch sprechen, und in der Halle war es so still, dass man eine Stecknadel hätte fallen hören. Alle waren perplex, dass dieser große *Jnani* von Emotionen und von der Ekstase über die Hingabe des großen Jäger-Heiligen so sehr überwältigt werden konnte. Nach einer Weile schloss Bhagavan schweigend das Buch, legte es beiseite, trocknete seine Tränen mit dem Zipfel seines Handtuchs und sagte: »Ich kann nicht mehr weiter lesen.«

Wir konnten jetzt besser verstehen, was er meinte, wenn er im ›Akshara Mana Malai‹ (Hochzeitsgirlande) sagt: »Wenn man still geworden ist wie ein Stein, kann das etwa die wahre Stille sein?« Sein blühendes Herz war genauso von der Wärme der Hingabe erfüllt wie vom höchsten Licht der Erkenntnis.

9. Bhagavans Belehrung im Schweigen

Es war an *Shivaratri* nach dem Abendessen. Bhagavan saß zurückgelehnt auf seinem Sofa, umringt von vielen Devotees. Ein *Sadhu* schlug vor, dass Bhagavan an diesem besonderen Abend die Bedeutung der Verse an *Dakshinmurti*[28] (*Dakshinamurti Stotram*) erklären könnte. Bhagavan willigte ein, und alle warteten ungeduldig darauf, dass er etwas sagen würde. Doch er saß einfach nur da und sah uns an. Wir wurden allmählich von einer immer tieferen Stille erfasst, die nicht einmal von den stündlichen Glockenschlägen unterbrochen wurde. Keiner bewegte sich oder sprach. Raum und Zeit hatten aufgehört zu existieren. Bhagavans Gnade hielt uns sieben Stunden lang im Frieden und in der Stille. In dieser Stille lehrte er uns das Höchste, wie *Dakshinamurti* es getan hatte. Punkt 4 Uhr fragte er uns, ob wir nun die Bedeutung der Belehrung im Schweigen verstanden hätten.

---

[28] Geschichte über *Dakshinamurti* s. Anhang

10. Kann ein gesprungenes Ei ausgebrütet werden?

Es war in den frühen Morgenstunden in Sri Bhagavans Halle. Er hatte gerade gebadet und ging nun zum anderen Ende der Halle hinüber, um sein Handtuch zu holen. Es hing an einem waagerechten Bambuspfosten, wo ein Spatz sein Nest gebaut und drei oder vier Eier gelegt hatte. Als er nach dem Handtuch griff, stieß er mit der Hand ans Nest. Es wurde heftig erschüttert, und eins der Eier fiel heraus. Das Ei bekam einen Sprung. Sri Bhagavan war bestürzt und rief nach seinem persönlichen Gehilfen Madhavan. »Sieh bloß, was ich angestellt habe!« Er nahm das gesprungene Ei in seine Hand, schaute es mit seinen liebevollen Augen an und rief aus: »Die arme Mutter wird sich grämen, vielleicht wird sie sogar wütend auf mich sein, weil ich ihr Kleines getötet habe! Vielleicht kann die gesprungene Eischale wieder gekittet werden. Lasst es uns versuchen!«

Er nahm ein Stück Stoff, machte es nass, wickelte es um das gesprungene Ei und legte es zurück ins Nest der Mutter. Alle drei Stunden nahm er das Ei heraus, wickelte den Stoff ab, nahm es in seine Hände und sah es einige Minuten lang liebevoll an. Was hat er tatsächlich getan? Wie können wir es wissen? Sandte er mit seinem Gnadenblick Leben spendende Energie in das gesprungene Ei? Das ist ein Geheimnis, das keiner lüften kann. Er sagte wiederholt: »Der Sprung soll heilen! Kann das Ei nicht doch noch ausgebrütet werden? Mag das Kleine aus dem gesprungenen Ei schlüpfen!«

Die Besorgnis und Zärtlichkeit des Maharshi zog sich über eine Woche hin. Das glückliche Ei lag mit seinem nassen Verband im Nest und wurde von ihm mit seiner Berührung und seinem gütigen Blick bedacht. Als er am siebten Tag das Ei herausnahm, verkündete er mit dem Erstaunen eines

Schuljungen: »Seht her, was für ein Wunder! Der Sprung hat sich geschlossen! Die Mutter wird glücklich sein und ihr Ei trotzdem ausbrüten! Mein Gott hat mich vor der Sünde bewahrt, den Verlust eines Lebens verursacht zu haben. Wir wollen geduldig warten, bis das gesegnete Junge schlüpft.«

Es vergingen einige weitere Tage. Eines Morgens fand Bhagavan endlich das Ei ausgebrütet vor. Das Junge war geschlüpft. Der Vogel hatte das Ei ausgebrütet, obwohl es von Menschenhand berührt worden war. Vergnügt nahm Bhagavan das Kleine in die Hand, liebkoste und streichelte es und reichte es an alle Umstehenden weiter, damit auch sie es bewundern konnten. Er war so glücklich, dass das kleine Leben sich trotz der unglücklichen Umstände entwickelt hatte.

Welche Besorgnis für die kleinste Kreatur! Ist es nicht das Herz des wahren Buddha, das erst in Sorge um das gesprungene Ei und dann aus Freude über das Neugeborene Tränen vergießt? Kann es eine größere Güte geben?

11. Wird der Baum nicht verletzt?

Eines Morgens holte K. die reifen Kokosnüsse von den Palmen, als Bhagavan aus dem Kuhstall zurückkam. Bhagavan fragte K., was für eine Stange er benutze, um die Kokosnüsse zu pflücken, ob ein Bambusstück am Ende angebracht sei oder eine Eisenspitze. K. bemerkte, es sei eine Eisensichel. »Werden die Palmen von dem scharfen Eisen nicht verletzt?«, fragte Bhagavan. »Würde eine Stange mit einem Bambusstück am Ende nicht denselben Dienst tun?« Bhagavan wartete nicht auf eine Antwort. K. machtc sich wieder an die Arbeit, nahm aber keine andere Stange, sondern benutzte weiterhin jeden Morgen die mit der Eisensichel.

Es war eine Woche später und zur selben Zeit. K. holte die Kokosnüsse von den Palmen. Da fiel ihm eine auf die Stirn und traf schmerzlich seine Nase. Die Neuigkeit wurde Bhagavan berichtet. Obgleich er Mitleid mit dem Mann empfand, bemerkte er: »Jetzt weiß er, wie es ist, verletzt zu werden, und wie eine Eisensichel die Palmen, die sich nicht beklagen konnten, verletzt haben musste.«

Bhagavan sah alles in der Natur von Leben und Licht pulsieren.

12. Er war meine Gedächtnis

Eines Morgens nach dem Frühstück war ich unter den Devotees, die sich um Bhagavan versammelt hatten. Er erörterte eine philosophische Frage und sprach darüber bis etwa 10.45 Uhr. Wir waren davon so sehr in Beschlag genommen, dass wir Zeit, Ort und Umstände vergessen hatten.

Um 10.45 Uhr wandte er sich mir zu und sagte: »Junge, warum du bist noch nicht unterwegs zur Schule?« Ich erwiderte: »Aber Bhagavan, heute ist Sonntag!« Er lachte und sagte: »Wie du dich um deine Arbeit kümmerst ist schon komisch. Heute ist Montag. Schnell, mach dich auf den Weg! Der Schulleiter wartet bereits am Tor auf dich.«

Ich machte mich hastig auf den Weg und erreichte die Schule, als die Glocke gerade zur Pause läutete. Der Schulleiter stand am Eingang, mit der üblichen Prise Schnupftabak auf der Hand, und hielt ungeduldig nach mir Ausschau. Als ich eintraf, sagte er zu mir: »Hast du etwa vergessen, dass heute Montag ist, und der Maharshi musste dich daran erinnern?« Ich antwortete wahrheitsgemäß: »Ja, ich habe es vergessen, und der Maharshi hat mich persönlich zur Arbeit geschickt.«

Der Schulleiter lachte herzhaft und sagte: »Dann geh jetzt in dein Klassenzimmer!«

13. Spaziergang mit Bhagavan zum See

Der Samudram-Wasserspeicher, der am Fuß des Arunachala in der Nähe des Ramanashram liegt, hat ein großes Fassungsvermögen. Normalerweise können ihn weder die Sommerregen noch die winterlichen Monsunregen füllen, doch vor vielen Jahren lief er einmal über. Der Überlauf war so breit wie ein Fluss und bot einen beeindruckenden Anblick. Der Wasserspeicher sah an diesem Tag wie das Meer aus. Bhagavan erzählte uns, dass er seinen Namen ›Samudram‹ von einem lokalen Herrscher erhalten hat. Der Herrscher hatte ihn als Miniaturmeer angelegt, um seiner Gattin einen Eindruck zu vermitteln, wie das Meer aussieht, das sie nie gesehen hatte.

Die Leute strömten in Scharen zu dem übergelaufenen See und kamen dann zu Bhagavan, um darüber zu berichten. Eines Morgens baten ihn Devotees, er möge mit ihnen hingehen, und er war so nett, ihnen diesen Wunsch zu erfüllen. Wir machten also alle einen Spaziergang zum See, der eine Meile vom Ashram entfernt liegt. Wir gingen an seinem Damm entlang. Doch Bhagavan und seine Worte waren für uns von größerem Interesse als der übergelaufenc See und der beeindruckende Anblick des breiten Gewässers am Fuß des Arunachala. Er sprach unterwegs über vieles, aber im Nachhinein kann ich mich nur noch an zwei Dinge erinnern.

Banyan-Baum

Er wies auf eine Fächerpalme, die durch einen schmarotzenden Banyan-Baum eingegangen war. Ein Vogel hatte das Samenkorn eines Banyan-Baums auf sie fallen lassen. Es begann zu treiben, spaltete die Fächerpalme und hemmte sie im Wachstum. Bhagavan machte uns auf dieses Phänomen aufmerksam und meinte, dass der Gnadenblick eines *Jnani* genau dies bewirke. Ein Blick in die Seele, und der ganze Baum der alten Neigungen und Vorurteile (*Vasanas*), die in vielen Geburten angehäuft wurden, geht ein. Dann wird die Wirklichkeit des Selbst erfahren.

Auf diese Weise erklärte er uns die Wirkung des Kontaktes mit dem Großen und machte deutlich, dass die höchste Weisheit (*Jnana*), die man durch die Berührung mit dem Heiligen erhält, weder durch Studien sämtlicher Schriften noch durch zahlreiche gute Werke noch durch irgendeine andere spirituelle Praxis erlangt werden könne.

Als wir zum Ashram zurückkehrten, verfasste ich darüber folgenden Vers: »Ein Vogel lässt ein Samenkorn auf einen Baum fallen und bewirkt dadurch, dass er eingeht. Ebenso durchleuchtet die Gnade des Gurus den suchenden Geist mit Erkenntnis und ersetzt die Schatten des Egos mit dem strahlenden Licht von *Jnana*.«

Das Samenkorn des großen Banyan-Baums, der sein schützendes Dach über viele Lebewesen ausbreitet, ist eines der kleinsten Samenkörner und steht für das selbstlose Wohlwollen. Das große Samenkorn der Fächerpalme aber wächst zu einem Baum heran, der kaum einen einzelnen Menschen vor der Sonne schützen kann, und versinnbildlicht deshalb das selbstsüchtige Ego. Wie das kleine Samenkorn von einem Vogel fallen gelassen werden und durch sein Wachstum die Fächerpalme zerstören kann, so kann der kleine Same der Gnade den großen Baum des Egoismus zerstören.

Als wir am anderen Ende des Sees an die Stelle kamen, wo er überfloss, staunten wir über seine Breite. Wir blieben eine Weile dort und kehrten dann um.

Auf dem Rückweg kamen wir an der Schleuse in der Mitte des Damms vorbei. Bhagavan zeigte auf sie und meinte: »Seht euch diesen kleinen Abfluss an und vergleicht ihn mit dem großen am anderen Ende. Der gewaltige Inhalt des Sees kann der Vegetation nicht dienen, da das Wasser nur durch dieses kleine Loch rinnt. Wenn der Damm bricht, kommt es zu einer Überschwemmung, und die ganze Ernte wird vernichtet. Nur wenn das Wasser in richtiger Menge durch diese Schleuse abfließt, können die Pflanzen wachsen. So ist es auch mit dem göttlichen Bewusstsein. Wenn die Seligkeit dieses Bewusstseins nicht in der richtigen Menge durch die Gnade des Gurus geschenkt wird, kann sie der Seele nicht helfen, ihre alten Neigungen zu vernichten. Denn auf diese Weise erlangt man in der Gegenwart des Gurus die Festigkeit, in der Einheit mit dem Göttlichen zu verweilen. Wenn man an seinem Sein-Bewusstsein festhält, setzt sich die Arbeit des Vernichtens der alten *Vasanas* fort, sobald Gedanken auftauchen, die den Geist in Aktion versetzen wollen. Diese Arbeit ist nur in der Nähe eines Gurus möglich. Der Guru ist wie eine Schleuse. Er bewässert die Seele mit seiner Gnade, die sie braucht, damit sie im Selbst verbleiben kann, und die alten Neigungen verdorren. Wenn der Damm aber bricht, bricht der ganze See mit voller Kraft durch und reißt alles mit sich. So ähnlich ergeht es einem *Sadhaka* (Übenden), der der vollen Kraft des Göttlichen Bewusstseins ausgesetzt ist, ohne dass die Schleuse des Gurus eingreift und sie lindert. Er stirbt, ohne seine Neigungen zerstört zu haben.«

Auch diesen Gedanken habe ich später als Tamil-Vers niedergeschrieben: »Wie das Wasser, das durch einen Kanal fließt, mächtige Haufen Sand mit sich nimmt, so werden die großen Brocken des Egos durch die Gnade fortgespült.«

14. Der Shankaracharya und Sri Bhagavan

Etwa 1948 erhielt der Ashram einen Brief von Seiner Heiligkeit Sri Shankaracharya von Puri[29]. Er wollte Bhagavan besuchen, um von ihm Antworten auf einige Fragen zu erhalten. Im Brief waren die Fragen bereits allgemein formuliert, und er bat um eine schriftliche Antwort. Die Hauptfrage bezog sich auf diesen Text in den *Agamas*: »Hara Gauri Samyogat ... avacchayah yogaha«. Der *Acharya* fragte nach der Bedeutung von »avacchayah yogaha«.[30]

Ich gab Bhagavan seinen Brief und fragte ihn, welche Antwort ich ihm schreiben sollte. Bhagavan lachte nur und meinte, dass der Frager es selbst ganz genau wüsste, dass er es aber besser verstehen würde, wenn er herkäme. Dies schrieb ich ihm.

Einige Tage später besuchte der *Acharya* den Ashram. Bhagavan gab Anweisungen für seinen Empfang und behandelte ihn mit aller Fürsorge und allem Respekt, die seiner hohen Stellung zukamen. Die Bewohner des Ashrams scheuten keine Mühe.

Sri Bhagavan saß auf seinem Granit-Sofa[31] in der Goldenen Jubiläums-Halle. Unzählige erwartungsvolle Zuschauer waren herbeigeströmt. Ganz in seiner Nähe hatte man ein kleines Podium aufgestellt, auf dem ein Rehfell lag, worauf der hohe Würdenträger sitzen sollte. Dann wurde

---

[29] Nachfolger *Shankaras*, Oberhaupt eines der vier von *Shankara* begründeten Klöster, hier das von Puri
[30] »Hara und Gauri (i.e. *Shiva* und *Shakti*) sind eins. Das ist der Yoga (=Vereinigung) der Schatten (Reflexionen).« Es geht um die Beziehung von *Shiva* zu *Shakti* bzw. von *Brahman* zur individuellen Person. Dieser Satz führt unter den Gelehrten zu vielen philosophischen Spekulationen. Daher ist die Verwirrung des *Acharya*, der ja ein großer Gelehrter war, zu verstehen. Ramana erklärt den Satz im Folgenden sehr anschaulich mit dem Beispiel vom Kino.
[31] das Steinsofa, auf dem Ramana seine späteren Jahre in der Neuen Halle verbrachte

der *Acharya* zu Bhagavan geleitet. Er und seine Begleiter grüßten den Maharshi, wie es unter den *Sannyasins* üblich ist. Man zeigte ihm, wo er sich niederlassen sollte. Er war über den erhöhten Platz überrascht und bat, das Podium zu entfernen. Dann breitete er das Rehfell auf dem Boden aus und setzte sich darauf.

Nach einem einleitenden Gespräch wiederholte der *Acharya* die wichtigste Frage seines Briefes und bat Bhagavan, ihm die Bedeutung dieser Formulierung zu erklären. Bhagavan schenkte ihm seinen gnadenvollen Blick und schwieg. Der Gelehrte war ganz aufnahmebereit. Keiner von ihnen sprach ein Wort. So verging eine halbe Stunde. Dann lächelte Bhagavan und meinte: »Was gibt es hier zu erklären? Du weißt es bereits. Dieser Text erklärt lediglich das Wesen der göttlichen Weisheit. Wenn die wahre Natur sich mit der Person vereint, wird das Sichtbare zu reinen Schatten. Es bedeutet nur noch so viel wie die Bilder, die auf der Filmleinwand erscheinen. Man erfährt dann den Zustand des Selbst, das alles ist, was man sieht. Das eine Sein-Bewusstsein projiziert die Erscheinungswelt aus Sich selbst heraus, erhält sie aufrecht und zieht sie wieder in Sich selbst zurück. Wenn es all die Schatten dieser Welt verschlungen hat, tanzt Es als das Meer der Seligkeit, als die Wirklichkeit oder die Grundlage von allem, was ist und was sein wird. Und dann ist Es ›Ich-Ich‹.«

Der *Acharya* wurde von großer Freude erfüllt. Er sagte, dass er auf all seinen Reisen durchs Land eine Erklärung für dieses Geheimnis gesucht, aber sie erst hier erhalten habe. Er besuchte Bhagavan nochmals, als der Matrubhuteswara-Tempel eingeweiht wurde[32] und kümmerte sich persönlich

---

[32] 1949 wurde der Tempel über dem Grab der Mutter sehr feierlich eingeweiht.

darum, dass die Einweihungsriten korrekt ausgeführt wurden.

15. Auch die Gedanken reisen

Herr und Frau S. kamen aus Peru. Sie hatten vom Maharshi gehört und sahen in ihm den wiedergekommenen Christus. Jahrelang hatten sie sich danach gesehnt, diesem Gottesmann einmal in ihrem Leben in Fleisch und Blut zu begegnen, doch sie waren zu arm, um die Überfahrt nach Indien finanzieren zu können. In ihrem brennenden Verlangen sparten sie jede Woche ein wenig von ihrem mageren Einkommen und hatten einige Jahre später genug Geld beisammen, um sich die billigste Überfahrt an Deck eines Schiffes zu leisten. Sie waren mehrere Monate unterwegs, bis sie Indien und Tiruvannamalai erreichten.

Sie erzählte Bhagavan von all den Entbehrungen, die sie auf sich genommen hatten, um ihn zu sehen. Bhagavan war zu ihnen sehr freundlich. Er hörte ihnen mit großer Besorgnis zu und meinte: »Ihr hättet nicht all die Schwierigkeiten auf euch nehmen müssen. Es hätte genügt, wenn ihr zuhause an mich gedacht hättet, und ihr hättet allen Trost eines persönlichen Besuches erhalten.«

Den beiden fiel es schwer, das zu verstehen. Sie saßen zu seinen Füßen wie einst Maria zu Jesu Füßen gesessen hatte. Der Maharshi wollte ihre Freude, in seiner unmittelbaren Nähe zu sein, nicht trüben und beließ es deshalb dabei.

Später am Abend fragte er sie nach ihrem täglichen Leben, und dabei kamen sie auf Peru zu sprechen. Das Paar schilderte die Landschaft, die Küste und den Strand ihrer Stadt. Da fragte der Maharshi: »Ist der Strand nicht mit Marmorplatten gepflastert? Stehen dort nicht Kokospalmen? Gibt es nicht Marmorbänke, die in einer Reihe in Richtung des Meeres aufgestellt sind, und sitzt du nicht oft mit deiner Frau auf der fünften Bank?«

Das Paar war verblüfft. Wie konnte Bhagavan, der nie aus Tiruvannamalai fortgekommen war, solche Details über ihre Stadt wissen? Der Maharshi lächelte nur und meinte: »Es spielt keine Rolle, warum ich euch das erzählen kann. Es genügt, wenn ihr wisst, dass es im Selbst weder Ort noch Zeit gibt.«

Dies bestätigte dem Paar, was der Maharshi zuerst zu ihnen gesagt hatte. Sie hätten genauso gut zuhause an ihn denken können, um seinen Segen zu erhalten.

16. Bhagavans »Hm«

Der Augenarzt Dr. Venkatarangam war aus Madras gekommen. Da erinnerte sich Chinnaswami daran, dass Bhagavans Brille neue Gläser brauchte, und er ließ dem Arzt die Brille bringen. Der Arzt verglich sie mit seiner eigenen Brille und meinte, seine Brille wäre für Bhagavan geeignet. Er gab sie mir, um sie Bhagavan zu bringen. Bhagavan setzte die Brille auf. Sie passte hervorragend. Sie war sowohl fürs Lesen als auch für die Weite, während die seine eine reine Lesebrille war. Doch er wollte lediglich eine Lesebrille.

Ich gab jedem seine eigene Brille zurück und berichtete dem Arzt, dass seine Brille für Bhagavan sehr geeignet sei. Daraufhin überredete Chinnaswami den Arzt, Bhagavans Brille zu nehmen und ihm dafür die seine zu überlassen. Ich wurde erneut zu Bhagavan geschickt, um die Brillen auszutauschen, doch Bhagavan war mit dem Vorschlag nicht einverstanden.

Da Chinnaswami so sehr darauf erpicht war, Bhagavans alte Brille sofort zu ersetzen, drängte ich ihn dazu, das Angebot des Arztes anzunehmen. Ich weiß nicht, wie ich so eigensinnig sein konnte, Bhagavan diesen Vorschlag aufzudrängen, obwohl ich genau wusste, dass er nicht damit einverstanden war. Bhagavan sah mich an und sagte: »Hm, warum drängst du mir etwas auf, das ich nicht will? Ich will keine Brille für die Weite. Ich möchte nur eine Lesebrille.« Ich kam mit der Brille des Arztes zurück und berichtete Chinnaswami, dass Bhagavan mit dem Tausch nicht einverstanden war.

Es war der Tag vor einem Geburtstag. Ich war mit Vorbereitungen beschäftigt und hatte vieles zu erledigen, aber als ich von Bhagavan zurückkam, fühlte ich mich wie von einem inneren Feuer ergriffen, und mir war so unwohl, dass ich es nicht beschreiben kann. Ich widmete mich weiter meiner Arbeit, während das Brennen nicht nachließ.

Am Morgen nach dem Geburtstag wurde es noch schlimmer. Es schien mich zu verzehren, bis ich es nicht länger aushielt. Ich kam vom Bahnhof, um verschiedene Dinge für das Fest abzuliefern. Ich händigte sie dem Angestellten im Laden aus und rannte wie ein Wahnsinniger in die Halle, die voller Devotees war. Bhagavan war in seinem Zustand der Glückseligkeit. Ich warf mich vor ihm nieder und rief: »Oh Bhagavan, vergib mir! Ich habe mich geirrt. Ich hätte dir die Brille nicht aufzwingen und mir dieses ›Hm‹ einhandeln sollen. Es verbrennt mich! Ich kann es nicht länger ertragen. Drei Tage und drei Nächte lang habe ich es erduldet, aber ich halte es nicht mehr aus. Nicht dass du mich bestrafen wolltest. Meine eigene Tat hat es mir eingebracht. Wenn ein Topf auf einen Felsen stürzt und zerbricht, ist nicht der Felsen daran schuld. Wenn ein dreister Mensch dem Weisen unrecht tut, ist es nicht der Weise, der ihn bestraft, sondern der Mensch verdient es. Bhagavan, bitte sieh mich an und lass dieses Brennen verschwinden!«

Bhagavan und die anderen waren erstaunt. Er sah mich an und sagte: »Was soll das alles? Ich habe mich nicht im Mindesten gekränkt gefühlt. Also mach dir keine Sorgen. Setzt dich hin, und alles wird gut.«

Ich setzte mich hin und weinte reumütig wie ein Kind. In weniger als 10 Minuten wurde ich wieder normal, und die Hitze verschwand auf wundersame Weise.

17. Stellvertretende Behandlung aus der Ferne

Mahadeva Iyer litt seit fast einem Monat an einem hartnäckigen Schluckauf. Seine Tochter schrieb Bhagavan und bat ihn, ihren Vater zu segnen und sein Leiden zu lindern. Der Maharshi wies mich an, Mahadeva Iyer zu schreiben, er solle einen Brei aus Jaggery (indischer Rohzucker) und Ingwerpulver einnehmen. Dies würde seine Beschwerden sofort heilen. Dann wandte er sich an seinen persönlichen Helfer Madhavan und sagte: »Irgendwo haben wir die fertige Medizin. Kannst du sie finden?« Madhavan bereitete sie sofort frisch zu. Bhagavan nahm etwas davon und verteilte den Rest unter die Anwesenden. Sein Sinn für die Einheit aller war so stark ausgeprägt, dass er nie etwas annahm, was er nicht mit allen anderen teilen konnte. Indem er von der Medizin nahm, die für seinen Madraser Devotee bestimmt war, machte er sie zu *Prasad*. Dann folgte er seinem üblichen Prinzip: »Was gut für mich ist, muss auch gut für alle anderen sein« und verteilte sie unter den Anwesenden.

Bhagavan sah mich an und meinte, dass der Brief an Mahadeva Iyer noch mit der Abendpost rausgehen sollte. Ich scherzte: »Warum, Bhagavan? Mahadeva ist bereits geheilt. Bhagavan hat die Medizin an seiner Stelle eingenommen!« Bhagavan brach in Lachen aus.

Ich schrieb den Brief im Ashram-Büro. Am nächsten Tag brachte die Post einen Brief seiner Tochter. Sie schrieb, dass ihr Vater gestern um 1 Uhr nachmittags von seinem Leiden befreit worden sei. Genau zur selben Zeit hatte der Maharshi den Jaggery-Brei eingenommen.

Bhagavan ermutigte seine Devotees nie dazu, von Wundern zu sprechen. Dennoch erlebten sie Dinge, die von der Naturwissenschaft nicht erklärt werden können.

18. Der bettelnde Prinz

Lasst uns zum Jahr 1924 zurückkehren. Es war die Zeit des neu gegründeten Ramanashram am Fuße des Arunachala. Die Alte Halle gab es noch nicht. Bhagavan wohnte in der strohbedeckten Hütte vor dem Schrein der Mutter. Man hatte für ihn einen kleinen erhöhten Sitz aus Zement errichtet, und dort saß er Tag und Nacht. Es war hier, als er an *Shivaratri* die um ihn versammelten Devotees die ganze Nacht in völliger Stille und in völligem Schweigen gehalten hatte, um ihnen die wahre Bedeutung der *Dakshinamurti*-Hymne zu erklären.

Eines Vormittags um 10 Uhr kam eine Persönlichkeit von königlichem Geblüt zu Bhagavan. Wir brauchen keinen Namen nennen. Es genügt zu erwähnen, dass er sehr fromm und ein großer *Shiva*-Verehrer war. Er war in Tamil und in den Schriften bewandert und verehrte die Heiligen. Als er von Bhagavan gehört hatte, wollte er ihm unbedingt seine Ehrerbietung erweisen. Doch erst jetzt, nach mehreren Jahren, war es ihm möglich geworden.

Er stand in seinen königlichen Gewändern über eine halbe Stunde lang vor Bhagavan. Keiner sprach ihn an oder bat ihn, sich zu setzten. Es sah danach aus, als mache es ihm Freude, bewegungslos wie eine Statue vor Bhagavan zu stehen. Bhagavan saß ebenfalls unbeweglich wie eine Statue da. Seine wundervollen Augen waren die ganze Zeit auf den Prinzen gerichtet, und er segnete ihn mit seinem gnadenvollen Blick. Im Raum herrschte völlige Stille. Es war wunderbar zu sehen, wie der Größte aller Heiligen gab und der Bettler von königlichem Geblüt aus seiner Hand empfing. Nach einer halben Stunde verneigte sich der Prinz vor Bhagavan und ging.

Das Lustige an diesem Vorfall war, dass der *Sadhu*, der den Prinzen hinausbegleitet hatte, mit einigen Hundert-Rupien-Scheinen zurückkam. Er legte sie Bhagavan zu Füßen und sagte, der Prinz habe ihm das Geld für die *Sadhus* hier gegeben. Der Meister meinte: »Sieh mal einer an! Ein Prinz, der in seiner eigenen Umgebung weder Friede noch Freude findet, kommt hierher, um bei diesem Almosenempfänger zu betteln. Er ist der Überzeugung, dass das, was in uns ist, das Eigentliche ist, das man im Leben braucht, und ihr rennt ihm nach, um bei diesem Bettler zu betteln! Wie klug ihr doch seid!«

19. Ich spreche nicht mit dir!

Herr Noles, ein etwa 30jähriger Italiener, der in der östlichen und westlichen Philosophie belesen und begierig auf die Lehre des Maharshi war, besuchte den Ashram. Er führte viele interessante Gespräche mit Bhagavan.

Eines Morgens sprach Bhagavan vom Zustand des *Jivanmukta:* Er ist das ständig bewusste Selbst, das Zeugen-Bewusstsein, das Raum, Zeit und Ursächlichkeit überschreitet. Er ist die Fülle des Seins. Obwohl er der Nicht-Handelnde und Nicht-Genießende ist, ist er doch zugleich der Größte aller Handelnden und Genießenden.

Das war zu viel für Herr Noles. Er stellte Bhagavan eine direkte Frage: »Bist du es oder bist du es nicht, der in diesem Augenblick zu uns spricht?« Er wollte wissen, wie konsequent Bhagavans Antwort auf diese Frage sein würde. Die anderen warteten gespannt darauf, was er sagen würde.

Bhagavan sah Herr Noles mit einem bedeutungsvollen Blick an und sagte sehr betont: »Nein, ›ich‹ spreche nicht mit dir.« Da wiederholte Herr Noles in ekstatischer Stimmung: »Nein, Bhagavan spricht nicht mit uns. Sri Bhagavan IST einfach nur.«

20. Er behandelt Mensch und Tier gleich

Rangaswami Iyengar war ein Geschäftsmann in Madras. Er hatte Bhagavan schon in seinen frühen Jahren auf dem Berg besucht. Während 1906 die große Pest in Tiruvannamalai wütete, lebte Bhagavan im Pachaiamman-Schrein. Rangaswami Iyengar war mit dem Zug gekommen und traf in der brütenden Sonne um 1 Uhr bei Bhagavan ein. Bhagavan empfing ihn wie immer mit einem Lächeln und großer Freundlichkeit. Die Devotees schlugen ihm vor, er könne im nahen Teich vor dem Tempel baden, was er dann auch tat.

Der Ort war sehr einsam. Herr Iyengar schwamm im östlichen Bereich. Währenddessen saß Bhagavan im Schrein. Plötzlich stand er auf und ging hinaus. Die Anwesenden dachten, er müsse sich erleichtern. Als er zum Teich kam, beobachtete er, wie ein Leopard zur nördlichen Seite kam, um seinen Durst zu stillen. Bhagavan sagte ruhig zu dem wilden Tier: »Geh jetzt und komm später wieder! Er wird sich fürchten.« Und der Leopard ging fort.

Dann ging Bhagavan zu Iyengar hinauf, der sein Bad gerade beendet hatte, und sagte zu ihm: »Wir sollten um diese Zeit nicht hierherkommen. Wilde Tiere kommen zur Tränke.« Um ihn nicht zu erschrecken, erzählte er ihm nichts davon, dass tatsächlich ein wildes Tier da gewesen war.

Auf diese Weise behandelte Bhagavan Tier und Mensch gleich. Wenige Tage später erzählte er uns von dem Vorfall.

21. »Wer bin ich, Nayana?«

Als Bhagavan in der Virupaksha-Höhle auf dem Berg lebte, stiegen er und seine Gefährten eines Abends gegen 7 Uhr den Berg hinunter, weil sie ihn umrunden wollten. Alle waren vorangegangen. Nur Ganapati Muni begleitete den Maharshi. Langsam stiegen sie die Stufen der Höhle hinab. Sie waren erst wenige Schritte gegangen, als der Maharshi plötzlich stehen blieb. Der Vollmond schien hell am Sternenhimmel. Bhagavan deutete auf den Mond und den schönen Himmel und sagte: »Nayana, wenn der Mond und alle Sterne ihre Existenz in MIR haben und die Sonne mit ihren Planeten sich um MICH dreht, wer bin ich? Wer bin ich?«

Diese Bemerkung des Maharshi gab seinem Schüler eine Vorstellung von der Größe des Meisters. Wie es in den *Veden* heißt, ist er das alles und auch DAS, was jenseits davon ist. Es gibt nichts, was er nicht wäre.

Später erzählte Ganapati Muni den anderen von dieser außerordentlichen Enthüllung.

22. Bhagavan als klassischer Sanskrit-Dichter

Die Anhänger Bhagavans kennen nur sein berühmtes Werk ›Upadesa Saram‹ (Die Quintessenz der spirituellen Unterweisung) und einige einzelne Verse in Sanskrit. Deshalb muss erwähnt werden, dass er auch bei der Entstehung von Ganapati Munis berühmtem ›Uma Sahasram‹ beteiligt war. Es ist Nayanas Magnum Opus und besteht aus 1000 Versen, die *Uma*, die göttliche Mutter, als den Aspekt der göttlichen Kraft *Shivas* verehren. Nayana hatte bereits 700 Verse geschrieben, und es blieben noch 300 übrig, um das Werk zu vollenden. Trotzdem hatte er bereits einen Termin festgesetzt, an dem das Buch der Göttin im Arunachaleswara-Tempel feierlich geweiht werden sollte, und Einladungen an Freunde und Devotees in ganz Indien verschickt. Die Leute hatten sich zu Hunderten versammelt, aber am Vorabend des festgesetzten Tages fehlten die 300 Verse noch immer. Am Abend fragte Bhagavan Nayana, ob er die Feier verschieben würde. Nayana verneinte und meinte, dass er durch Gottes Gnade die Verse vor dem nächsten Morgen fertig haben würde. Vier seiner Schüler saßen mit Papier und Feder vor ihm, und er begann ihnen simultan Verse zu diktieren. Bhagavan saß mit geschlossenen Augen dabei und nahm scheinbar nichts von alldem wahr. Nayana war von einem enormen Eifer ergriffen und diktierte ohne Unterbrechung und ohne zu zögern. Die Verse strömten nur so aus seinem Mund. Um Mitternacht war das Werk vollendet. Bhagavan, der die ganze Zeit bewegungslos und mit geschlossenen Augen dagesessen hatte, sah auf und fragte: »Nayana, wurde alles aufgeschrieben, was ich gesagt habe?« Ganapati Muni antwortete dankbar: »Alles, was Bhagavan in mir angeregt hat, wurde aufgeschrieben!«

Es ist also eindeutig, dass Bhagavan Ganapati Muni zu den letzten 300 Versen des ›Uma Sahasram‹ inspiriert hat. Er tat dies ohne ein Wort zu sprechen bzw. in der Stille, die für den schweigenden Weisen vom Arunachala so charakteristisch ist. Kavykanta überarbeitete die ersten 700 Verse dieses monumentalen Werkes etwa sechsmal, aber er nahm keine Veränderung in den letzten 300 Versen vor. Da sie von Bhagavan stammten, benötigten sie keinen zusätzlichen Schliff. Sie gelten als einzigartiger Beitrag Bhagavans zur Sanskrit-Dichtkunst.

23. Wie das Mantra zu mir kam

Das *Mantra* »Om namo Bhagavate Vasudevaya«[33] hat mich schon in jungen Jahren mächtig angezogen. Ich hatte daran so große Freude, dass ich immer *Krishna* vor meinem inneren Auge sah. Ich hatte die Vorahnung, dass ich in meinen Vierzigern sterben würde, und bis dahin wollte ich unbedingt den *Darshan* des Herrn haben. Ich fastete und verehrte Vasudeva unablässig. Mit Begeisterung las ich die *Bhagavad Gita* und das *Srimad Bhagavatam*. Als ich in der Gita las: »Ich betrachte den *Jnani* als mein eigenes Selbst«, war ich begeistert. Ich dachte: »Da ich Zugang zu Bhagavan Sri

---

[33] Vasudeva = *Krishna*; Ehre sei dem Erhabenen Vasudeva

Ramana habe, der Vasudeva selbst ist, warum soll ich zusätzlich auch noch Vesudeva verehren?«

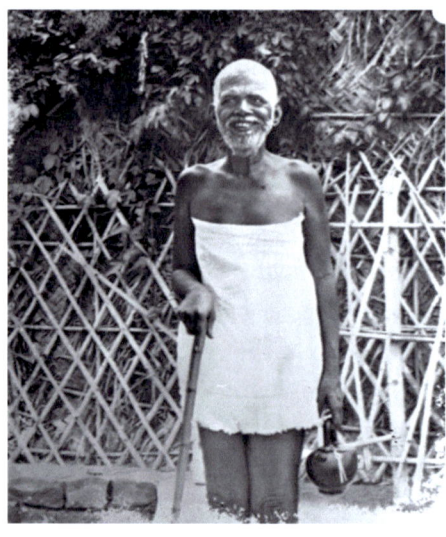

Dies war in meiner Jugend, bevor ich mit Bhagavan in seinem Ashram lebte. Ich wollte nur noch ein *Mantra*, eine Art der Gottesverehrung und eine einzige Schrift, damit es keine Loyalitätskonflikte geben konnte. Sri Ramana *Paramatman* wurde schnell der Gott, den ich verehrte, und seine ›Gesammelten Werke‹ wurden mein Evangelium. Was das *Mantra* anbelangt, wurde mir intuitiv klar, dass »Om namo Bhagavate Sri Ramanaya« eine genaue Entsprechung von »Om namo Bhagavate Vasudevaya« war. Ich zählte die Silben des neuen *Mantras* und war glücklich, als ich herausfand, dass es ebenfalls aus 12 bestand. Ich erzählte das alles Bhagavan, und er gab dem neuen *Mantra* seine Zustimmung.

Die Fortgeschrittenen mögen darüber lachen und sagen: »Wozu brauchst du ein *Mantra*, wenn das Meer der Seligkeit da ist, in das du direkt eintauchen kannst?« Ich gebe zu, dass ich mich mit der *Mantra*-Praxis nach der traditionellen Übungsmethode richtete, die eine der Hauptelemente der Gottesverehrung (*Bhakti*) ist. Bhagavan hat seine wahre Natur als der Zeuge enthüllt, dennoch gilt ausdrücklich, dass *Advaita* eine Geisteshaltung ist, die nicht in äußeren Handlungen gedeutet werden sollte.

24. Das Ende

Einer der letzten Aussprüche Buddhas lautete: »Alle zusammengesetzten Dinge müssen sich wieder auflösen. Darin liegt keine Ursache für das Leid.«

Der wertvolle und geliebte Leib, den wir so lange in unseren Herzen als Sri Bhagavan verehrt haben, war als physisches Vehikel eine Zusammensetzung und musste sich schließlich wieder in seine Elemente zersetzen. Er war dazu bestimmt, von den Augen derer zu verschwinden, die ihn so lange verehrt haben.

Krishna wollte, dass die Liebe seiner Gopis (Hirtenmädchen) zu ihm reifen sollte. Deshalb entzog er ihren verehrenden Augen seine äußere Gestalt. Dann sandte er Uddhava[34] zu ihnen, damit er ihnen zeigte, wie sie immer in seiner Gegenwart sein und ihn ewig tanzend in ihren Herzen erfahren konnten. Wenn die Augen der Liebe den Geliebten nicht länger sehnsuchtsvoll außerhalb suchen müssen, wird

---

[34] der Freund und Ratgeber *Krishnas*

das Auge des Herzens nach innen gerichtet, und man erfährt dort die überaus lebendige Anwesenheit des Geliebten.

Dasselbe geschah mit uns. An jenem Aprilabend 1950 ereignete sich das Unausweichliche. Der geliebte Körper, der für uns so lange der Mittelpunkt und das Zentrum unseres Herzensblickes gewesen war, hörte auf, unsere Augen zu erfreuen. Können wir sagen, dass er tot ist? Bhagavan tot? Das Wort ist bedeutungslos. Wie könnte er, der im ganzen Universum lebt, jemals den Tod verkosten? »Glaubt ihr, ich gehe fort? Wohin könnte ich gehen? Ich werde hier bei euch bleiben!« Das war sein Versprechen, als er uns auf die scheinbare Trennung vorbereitete. Jene von uns, die ihn hier in Tiruvannamalai geliebt haben und ihm glaubten, erfuhren, dass er sein Versprechen hielt. Wie früher kann man hier im Ashram mit ihm Kontakt aufnehmen.

Wie bei Surdas[35] die physische Sicht verdunkelt war, damit er das Licht im Innern wahrnehmen konnte, so hat Bhagavan unsere äußere Sicht nur deshalb verdunkelt, damit unsere innere Sicht mit seinem ewigen Licht erfüllt werde. Er hat die äußere Gestalt, die wir so sehr liebten, verhüllt, damit seine äußere Schönheit unseren Blick nicht länger von seiner ewigen Präsenz in unserem innersten Herzen abhielt. Das war für uns schmerzhaft, doch in den Tagen des scheinbaren Verlustes sind wir dennoch glücklich zu preisen, wenn wir dadurch nach innen getrieben werden und ihn dort erkennen und lieben. Er erstrahlt dort als das Herz von allem, als das unbeschreiblich strahlende Selbst, das sich in uns beständig als das Selbst manifestiert, als das reine Sein unseres Seins, als das ewige Bewusstsein aller Wahrheit, als die

---

[35] ein blinder Hindu-Heiliger und Dichter aus dem 15./16. Jh.

Stille der ständig gegenwärtigen Seligkeit – als *Sat-Chit-Ananda* (Sein-Bewusstsein-Seligkeit).

Unsere Herzen waren ihm sehr zugetan, solange er uns durch Wort und Beispiel lehrte und schweigend seine Gnade über uns ausgoss. Heute wenden sich seine Devotees innerlich an ihn und freuen sich, dass seine Gnade unablässig aus dem Brunnen des einen Selbst sprudelt, das allein alle Weisheit, Liebe und Macht ist.

Wir legen unsere dankbare Liebe und unsterbliche Erinnerung zu seinen Füßen, die den harten Weg auf dem Berg so lange gegangen sind. Mag er die armseligen Geschenke unserer Herzen annehmen und seine Gnade über alle ausgießen, die in der Dunkelheit der Unwissenheit wandeln. Möge sein Licht mit der ewigen Klarheit des Lichtes Gottes erstrahlen.

Teil II: Die Lehre des Meisters

25. Das Wesentliche der Lehre

Während eines Gesprächs mit Bhagavan machte ich einmal die Bemerkung, dass ich seine Lehre in einem Satz zusammenfassen könnte, da ich ein Leben lang mit ihm in Kontakt gewesen bin, seine Lehre aus unzähligen Gesprächen in mich aufgenommen und seine Werke studiert habe. Er forderte mich auf, es zu tun. Ich sagte, dass seine ganze Lehre darauf hinausläuft, dass Er allein IST und alles andere nur scheinbar aber nicht in Wirklichkeit existiert. Bhagavan sagte lächelnd: »Ja, Ja, Ja!« und beließ es dabei. Ich zitierte aus seiner Lehre: »Allein der vierte Zustand (*Turiya*) ist wirklich, die anderen drei Zustände[36] sind null und nichtig.

26. Was lehrt der Meister?

In der Unrast unseres Geistes kommen wir zum Meister. Wir finden keine Befriedigung mehr in irgendetwas, was wir getan oder erreicht haben. Er schenkt uns seinen gütigen Gnadenblick. In diesem einen Blick liegt die wahre Berührung der Gnade. Seine Nähe ist der Hafen des Friedens. In ihm findest du einen sicheren Zufluchtsort. Er heilt all deine Wunden. Du verlierst dich in ihm. Jetzt bist du still. Der Guru sagt: »Sei still und wisse, das ich Gott bin.« Wenn man das weiß, versteht man die absoluten und relativen Werte des Lebens. Es ist das unterscheidende Wissen der ewigen und unveränderlichen Wahrheit deines Selbst. Im Hintergrund dieser ewigen und unveränderlichen Wahrheit sind die verschiedenen Zustände deiner Täterschaft zugange und trüben dein Verständnis der Wahrheit deines Seins. Um es in den Worten Bhagavans zu verdeutlichen: »Du bist das Selbst (*Atman*).« Nun wird freilich keiner leugnen, dass er das Selbst ist, der ewig unveränderliche Grund seiner selbst. Dieses Selbst ist reines Sein, das sich Seiner Selbst bewusst ist. Dieses Selbst ist reine Glückseligkeit, da es weder von Freude noch von Leid berührt oder in Mitleidenschaft gezogen wird. Sei fest als das Selbst verankert und bleibe in ihm, unberührt von den schwankenden Gefühlen von Leid und Freude, die vor dir, dem unberührbaren Selbst, immer wieder vorüberziehen.

Du darfst über dich keine falsche Vorstellung haben. Ob du dich in deinem Tun und Genießen schlecht oder gut

---

[36] Wachen, Traum und Tiefschlaf

fühlst, in der Stabilität deines wahren Seins bist du immer friedvoll, wie du es durch das unterscheidende Verständnis deiner selbst erkannt hast. Dies ist der sicherste Weg zum Frieden. So lehren es die *Upanishaden* und so lehrt es auch Bhagavan Sri Ramana.

Jetzt bist du über den beständigen und den unbeständigen Teil deiner selbst belehrt worden. Letzterer bildet den Geist[37]. Er ist für all deine Stimmungen und verschiedenen Zustände[38] verantwortlich, wie auch für ihre Aktivitäten, seien sie schmerzlich oder freudvoll. Der Geist identifiziert sich von Natur aus mit dem Körper und veranlasst ihn zu den verschiedenen Handlungen, die zu Freude oder Schmerz führen. Das ist so, da der Geist von Natur aus entweder aktiv oder träge ist. Durch diese Qualitäten identifiziert sich der Geist nicht nur mit dem grobstofflichen Körper, sondern verschleiert auch deinen beständigen Teil des wahren Selbst (*Atman*).

Aber es gibt im Geist auch eine schützende Gnade, denn außer seiner aktiven und trägen Natur besitzt er auch die stille, harmonische. Der Weise versucht stets, diesen harmonischen Aspekt zu erhöhen, indem er alle seine Taten Gott weiht. Du kannst in der *Bhagavad Gita* lernen, wie man diesen harmonischen Aspekt des Geistes steigern kann. Er sollte entwickelt werden, indem man zuerst seine aktiven und trägen Eigenschaften unter Kontrolle bringt und sie später vernichtet, sodass die harmonische Eigenschaft allmählich hundert Prozent des Geistes ausmacht.

Der Geist kann als ein Instrument dazu dienen, dein beständiges Sein zu erkennen, das Sein-Bewusstsein-Seligkeit

---

[37] engl.: mind = Gedanken, Emotionen und Intellekt
[38] i. e. Wachen, Traum und Tiefschlaf

ist. Dieses Verständnis kann man erlangen, indem man den Geist vom grobstofflichen Körper trennt, auf den hin er so lange nach außen projiziert worden ist, und ihn nach innen auf das Selbst, das konstante Sein, lenkt. Wenn der Geist dazu trainiert wird, mehr und mehr mit dem Selbst in Kontakt zu sein, dann stellt sich vollkommenes Verständnis und das Verbleiben im Wirklichen ein.

Du bist tatsächlich immer frei in dir. Die Wolken beeinträchtigen dich nicht wirklich. Trotzdem bist du auch nach außen hin aktiv, gemäß den Neigungen, die aus deinem vergangenen *Karma* stammen und die du nach dem Gesetz dieses *Karmas* ausführst. Obwohl der Töpfer es aufgegeben hat, seine Töpferscheibe zu drehen, dreht sich die Scheibe durch ihren eigenen Schwung immer noch weiter. Ebenso handelst du, und doch bleibst du davon unberührt, da du nicht länger an den Handlungen haftest. Du handelst, doch du spürst, dass du nicht mehr der Handelnde bist. Du freust dich oder leidest, doch du spürst, dass du nicht derjenige bist, der leidet oder sich freut. Du bist ein reiner Zeuge von allem, was in deinen Zuständen von Wachen, Träumen und Schlafen geschieht. Du bist du, oder ich bin ich, oder das Selbst ist das Selbst, während diese Zustände kommen und gehen. Dies ist der Zustand des wahren Wissens (*Jnana*) und der wahren Hingabe (*Bhakti*). Dies ist die Botschaft der Gita und ebenso die Botschaft unseres gütigen Meisters Sri Ramana Maharshi.

Lasst uns dies beherzigen und in unserer verzweifelten Not unseren ganzen Mut zusammennehmen. Mag unser Meister uns segnen, damit wir als das Selbst verbleiben und mit dem egoistischen Ich und seinen endlosen Runden von Kommen und Gehen Schluss machen.

Lokamanaya Tilak [39] verkündete: »Die Selbstbestimmung ist mein Geburtsrecht, deshalb soll ich sie auch haben.« Und unser Meister verkündet: »Das reine Wissen ist dein Geburtsrecht, deshalb sollst du es auch haben.«

27. Der Jnani und der Siddha

Die Menschen, die Bhagavan besuchten, sprachen mit ihm über sämtliche Aspekte des spirituellen Lebens, auch über den Erwerb von übernatürlichen und magischen Fähigkeiten (*Siddhis*). Bhagavan pflegte zu sagen, dass wir alle *Siddhas* seien, da es erst nach großen Anstrengungen möglich ist, diese körperliche Existenz zu erlangen. Die Bestimmung dieses wundervollen Lebens ist, die größte aller Erkenntnisse zu erlangen – nämlich Sein-Bewusstsein-Seligkeit. Wenn wir unsere Leiblichkeit nur dazu nutzen, übernatürliche Kräfte zu erwerben, legen wir uns nur noch mehr Ketten an und tauschen die Eisenketten gegen goldene Ketten. Doch Ketten sind Ketten. Um die goldenen Ketten loszuwerden, musst du den Dienst des höchsten ›Ketten-Brechers‹ einfordern, nämlich den eines Menschen, der die Befreiung erlangt hat.

Aus dem Blickwinkel eines *Jnani* sind diese Kräfte nicht realer als jene, die man in einem Traum erwirbt. Stell dir vor: Ein Bettler träumt, dass er als König ein Königreich regiert. So lange der Traum andauert, spürt er die Freude und Genugtuung, ein König zu sein. Aber im Moment des Erwachens muss er seine Bettelschale wieder nehmen, um seinen Hunger zu stillen. Ebenso können diese Fähigkeiten den Menschen nur so lange befriedigen, als sie für wirklich

[39] Balwantrao Gangadhar Tilak, s. Fußnote vorne

gehalten werden. Findet man aber heraus, dass sie unwirklich sind, dann kommt der böse Schock des Erkennens, dass diese Kräfte unecht sind.

Um dies zu illustrieren, erzählte Bhagavan die Geschichte vom großen Magier Gorakhnath. Nach großen Anstrengungen hatte der Mann seinen Körper so vervollkommnet, dass er nicht einmal in tausend Jahren sterben konnte. Er unterzog seinen Leib verschiedenen Prüfungen, die er alle gut bestand. In seinem Triumph über den Erfolg seiner körperlichen Perfektion lud er große Männer und Yogis dazu ein, seinen Körper mit dem Schwert in Stücke zu schneiden. Doch sie konnten ihn weder durchbohren noch zerstückeln. Stattdessen ging von ihm ein so lauter, metallischer Klang aus, dass sein Echo wie bei den Tempelglocken einige Minuten nachhallte. Der *Siddha* war äußerst zufrieden, dass er die Todesangst überwunden hatte. Es kam ihm jedoch nicht in den Sinn kam, dass auch sein Körper früher oder später sterben musste.

Während er sich in seinem Narrenparadies äußerst glücklich fühlte, hörte er von dem großen *Jnani* Allama Prabhu. Täglich strömten viele Menschen zu ihm, um zu seinen Füßen zu sitzen, die Seligkeit seines Seins in sich aufzunehmen und Nutzen aus der Wahrheit seiner Worte zu ziehen. Es braucht nicht erwähnt zu werden, dass dieser *Jnani Shankara* selbst war, der sich in dieser Gestalt inkarniert hatte, um der Menschheit zu helfen. Er erklärte allen, die zu ihm kamen, dass unsere gesamten körperlichen Erfahrungen falsch seien, da sie sich auf die nicht existierende Getrenntheit von Individuen stützt. Solange das Selbst nicht als das Zeugenbewusstsein verstanden wird, vor dem die drei Zustände von Wachen, Träumen und Tiefschlaf auftauchen und verschwinden, kann man von den Erfahrungen des Geistes – angenehmen und schmerzhaften – nicht unberührt bleiben. Der Vierte Zustand ist der dauerhafte Aspekt des Seins, der im und als das Herzzentrum erfahren wird. Dieser Zustand ist in allen Wesen ein untrennbares Ganzes, das wahrgenommen wird, wenn alle Wahrnehmungen von Gegensätzen und Dreiheiten[40] verschwunden sind. Kurz gesagt, seine Lehre besagte, dass du die absolute Wirklichkeit bist, der eine und einzige Zeuge von allem.

Aus reiner Neugier ging unser großer *Siddha* zu diesem *Jnani*, um zu sehen, was für ein Mann er war und ihn, wenn möglich, herauszufordern und seine Lehre zu verspotten. Er staunte, als er sah, in welch schlechter körperlicher Verfassung der *Jnani* war. Er war ein Skelett, das nur aus Haut und Knochen bestand. In nicht sehr ehrerbietigem Ton sagte Gorakhnath zu ihm: »Es heißt, dass du ein großer Weiser bist, der die Todesangst bewältigt hat. Aber in was für einem miserablen Körper wohnst du! Glaubst du wirklich, dass du mit diesem Körper die Todesangst überwinden kannst? Schau mich an! Ich habe meinen Körper so vervollkommnet, dass er nie getötet werden kann. Hier ist ein Schwert. Versuch es an diesem Körper, und du wirst sehen, zu was ich es gebracht habe!«

Der *Jnani* bat, von diesem gewagten Experiment verschont zu bleiben, aber als Gorakhnath darauf bestand, nahm er das Schwert und schlug damit auf ihn ein. Natürlich rief dies wieder den metallenen Klang mit seinem langen Echo hervor. Allama Prabhu gab vor, sehr beeindruckt zu sein. »Alle Achtung, du hast wirklich eine große Macht erlangt! Aber jetzt, da ich deine Bitte erfüllt habe, musst du auch die meine erfüllen und meinen Leib demselben Experiment unterwerfen. Bitte nimm das Schwert und töte mich damit!«

---

40 z. B. Mensch, Welt und Gott oder Sehender, Gesehenes und Sehen

Der *Siddha* war besorgt und sagte zum *Jnani*, dass er sterben würde. Aber der *Jnani* meinte: »Es macht nichts, wenn ich sterbe. Ich werde dich nicht dafür verantwortlich machen.« Da nahm der Mann das Schwert und stach damit auf den *Jnani* ein. Zu seiner Überraschung drang das Schwert durch seinen Leib hindurch, ohne ihn zu verletzten. Gorakhnath versuchte es von links nach rechts, von rechts nach links, er versuchte es in allen Richtungen, doch Allama Prabhu blieb unverletzt. Es war, als würde das Schwert durch reine Luft schneiden. Er war sehr erschüttert und sagte zu Allama: »Was habe ich eigentlich erreicht? Ich habe lediglich mein äußeres Gefäß gestählt, während du die Seele des unsterblichen Seins besitzt. Großer Meister, bitte nimm mich als deinen Schüler an und lehre mich, das unsterbliche Selbst zu erkennen!« Der *Siddha* fiel dem *Jnani* zu Füßen, der ihn als sein Schüler annahm und ihm das Wissen jenseits allen Wissens und Nicht-Wissens lehrte.

Vilakshanananda Swami war ein großer Guru der *Vishnu*-Verehrer. Er war im Yoga sehr fortgeschritten und besaß die Gabe, Menschenmassen anzuziehen. Eines Tages besuchte ich ihn, und er bat mich, ihn zu Bhagavan mitzunehmen. Er brachte 30 seiner Schüler mit. Weder verneigte er sich vor Bhagavan noch grüßte er ihn. Zehn Minuten lang stand er bewegungslos vor ihm. Dann fiel er plötzlich flach zu seinen Füßen nieder, und Tränen strömten aus seinen Augen. Er bekannte: »Ich habe mich noch nie vor einem Menschen verbeugt. Es ist das erste und hoffentlich auch das letzte Mal.«

Als er den Berg wieder hinunterstieg, traf er Nayana. Sie kamen in ein Gespräch. Nayana riet dem Swami, seine Kräfte nicht mehr für öffentliche Vorführungen und Propaganda zu nutzen. Scheinbar hat es genützt, denn Vilakshanananda Swami trat nicht mehr an die Öffentlichkeit.

28. Die Entstehung
der »Fünf Hymnen für Arunachala«

Still zu sein und zu wissen »Ich bin, der Ich bin«, ist das eigentliche ›Werk‹ Bhagavans. Das Innerste, das Herz, das Göttliche, das allein als ›Ich-Ich‹ erstrahlt, ist Selbstbewusst, ist Er. Diese Mitte IST. Sie ist reines Wissen und reine Seligkeit. Von dort tritt alles in Erscheinung, und in Ihm verschwindet alles wieder. Wenn man DAS ist, bedeutet es reiner Friede. Es gibt keine Dissonanz mehr, da das Ego-Ich nicht mehr auftaucht und kein er/sie/es mehr hat, das ihm gegenübersteht. Das immer gegenwärtige und alles durchringende Sein, das höchste Ich ist der Herr Ramana, der immer frohlockt.

Dieser Zustand reiner Seligkeit ist der Mensch in seiner höchsten Vollendung. Die letzte Wahrheit kann nicht unter irgendeiner Hülle verborgen werden. Sie verbreitet sich überall hin und zieht Gleichgesinnte und suchende Menschen an. Es ist die Stille, die immer spricht. Andere können ihrer gewahr sein, sie genießen, aber weder ihre Fülle noch ihre Quelle erkennen. Sie sehnen sich nach Erkenntnis, aber die Stille kann nicht gebrochen werden. Ihre Sehnsucht wächst und wird zur Pein.

Diese Stille ist jedoch voller Güte und antwortet schließlich. Zuerst regt sie sich leise, dann findet sie allmählich in ein oder zwei Silben zur Sprache. Obwohl die Stimme voller innerem Feuer und durchdringend wie das Licht ist, äußert sie sich zunächst nur wie das Plappern eines Kindes. Nachdem sie sich eingestimmt hat, greift sie voll in die Saiten und dringt nach außen. Zunächst sickert sie nur wie ein kleiner, harmloser Bach hervor, um sich dann auszuweiten und, wie der mächtige Ganges, die Seele durch das Wasser ihres Gesangs zu nähren und sich selbst zu übersteigen, indem sie die Stille der Meerestiefe enthüllt.

Auf diese Weise sind Sri Bhagavans gesprochene Worte entstanden. Sie wurden gesammelt und schließlich veröffentlicht.

[Die Fünf Hymnen für Arunachala, von denen im Folgenden die Rede ist, entstanden um 1914, als Ramana etwa 35 Jahre alt war und in der Virupaksha-Höhle lebte. Eine deutsche Übersetzung seiner Werke findet sich in: Satyamayi: Sri Ramana Maharshi: Im Lotus des Herzens.]

›Akshara Mana Malai‹ (Die Hochzeitsgirlande aus Buchstaben) ist das erste und berühmteste Preislied Ramanas Arunachala zu Ehren. Es entstand als Antwort auf die Bitten seiner *Sadhu*-Devotees, die einige neue Lieder wollten, die sie auf ihren Bettelgängen singen konnten. Wenn die Devotees auf ihren Bettelgängen in der Stadt unterwegs waren, sangen sie bekannte Lieder. Da die Leute wussten, dass sie das Essen mit Sri Bhagavan teilten, gaben sie reichlich, während sie anderen Gruppen von *Sadhus* nur einen Happen zukommen ließen. Da einige skrupellose Bettler das wussten, gaben sie sich für die Ramana-Gruppe aus, was zu Schwierigkeiten führte. Deshalb wollten die Devotees ein unverwechselbares Lied, das sie als Erkennungsmerkmal singen konnten.

Als sie Bhagavan darum baten, schwieg er, und es sah lange nicht danach aus, dass er ihren Wunsch erfüllen würde. Aber als er wieder einmal den Berg umwanderte, kamen ihm 108 Verse in den Sinn, die er wie eine Hochzeitsgirlande Arunachala, dem Herrn seines Herzens, umlegte. Diese Verse sind wie die Ergüsse der schmachtenden Seele an ihren Geliebten und nicht weniger leidenschaftlich als die des *Manickavachakar* an *Shiva*. Dieses Lied sowie die anderen Hymnen Bhagavans werden bis heute in der Halle gesungen. Sie sind die Freude und der Trost seiner Devotees.

Die folgenden Strophen aus der ›Hochzeitsgirlande‹ sind nur eine ärmliche Wiedergabe aus dem Tamil:

1. Oh Arunachala, Du bist in mich eingegangen, hast mich an Dich gezogen und hältst mich in der Höhle Deines Selbst gefangen. Warum hast Du das getan?
2. Warum hast Du mich als Deine Geliebte genommen? Lass mich nicht im Stich, sonst tadelt Dich die ganze Welt.
3. Vermeide diesen Tadel! Warum lässt Du es überhaupt zu, dass ich mich an Dich erinnere? Jetzt kann ich Dich nicht mehr verlassen.
4. Nimm mir mein Gewand, entblöße mich und kleide mich dann in Deine Gnade.
5. Nimm Wohnung in mir! Lass das Meer der Seligkeit verebben und gib, dass meine Worte und Gefühle sich legen.
6. Wenn Du mich nicht in Deine Arme schließt, wird sich mein ganzes Sein in Tränen auflösen und zugrunde gehen.
7. Verspotte mich nicht wegen meiner Hässlichkeit! Schmücke mich mit Deiner Gnade, da ich Dich gesucht habe, und betrachte mich dann.
8. Lass uns aneinander festhalten, ohne den Unterschied von Du und Ich, und immer in dieser Seligkeit bleiben. Bitte, gewähre mir dies!
9. Lass mich nicht hängen wie eine Schlingpflanze, die keinen Halt hat. Sei Du meine Hilfe und rette mich!
10. Komm, lass uns glücklich sein, zuhause im leeren Raum, wo es weder Tag noch Nacht gibt!

Die folgenden Verse enthalten eine tiefe Philosophie:

1. Du bist das Auge des Auges und siehst doch ohne Auge. Wer also kann Dich sehen, oh Arunachala?
2. Du bist die Nahrung von allen. Lass mich Dir nahen und zu Deiner Nahrung werden. Dann werde ich Frieden haben.
3. Du allein bist die Wahrheit! Enthülle Dich!
4. Ich dachte an Dich und fiel Deiner Gnade zum Opfer. Wie die Spinne im Netz hast Du mich festgebunden und verschlungen.

Der nächste Hymnus ist ›Navamani Maalai‹ (Die Girlande aus Neun Edelsteinen für Arunachala). Die Strophen sind bei verschiedenen Anlässen entstanden und wurden später zusammengefügt. Die ›Zehn Verse an Arunachala‹ (Pathikam) und die ›Acht Verse an Arunachala‹ (Ashtakam) sind anschließend entstanden und bilden eine eigene Gruppe.

Das ›Pathikam‹ beginnt mit dem Wort ›Karunaiyaal‹ (durch Deine Gnade):

[Durch Deine Gnade hast Du Anrecht auf mich erhoben. Was soll nun aus mir werden, wenn Du Dich mir nicht offenbarst, der ich mich vor Sehnsucht nach Dir verzehre, von der Dunkelheit der Welt ständig gequält werde und verloren bin?[41]]

Das Wort ›Karunaiyaal‹ war Bhagavan ständig in den Ohren geklungen. Er versuchte, es zu vertreiben, aber es verschwand nicht. Immer wieder tauchte das Wort in ihm auf und stahl sich so sehr in seine Aufmerksamkeit, dass er ihm schließlich nachgab und es niederschrieb. Da begann der innere Strom in diese zehn wunderschönen Verse zu fließen. Sri Bhagavan dachte, dass es damit getan sei, aber

---

[41] erster Satz der ›Zehn Verse an Arunachala‹, Einschub der Übers.

dem war nicht so. Nachdem das ›Pathikam‹ vollendet war, floss der Strom weiter, veränderte sich, und das ›Ashtakam‹ entstand. Während das ›Pathikam‹ ein Appell an die Göttliche Gnade ist, erklärt das ›Ashtakam‹ die Bedeutung des Arunachala als das Absolute, als Sein-Bewusstsein-Seligkeit und wie Er oder Es als das ›Ich-Ich‹ unseres Seins Sich in alles Sichtbare transformiert. Die Verse verfolgen den Kurs zurück zur Quelle, damit dieser Zustand des Seins, der Höchste Stille ist, erlangt werden kann.

In den Strophen 10 und 11 der ›Zehn Verse an Arunachala‹ heißt es:

»Ich habe ein Wunder entdeckt. Es ist ein Magnet in Gestalt eines Berges, der die Seelen an sich zieht. Denk nur einmal an Ihn, und Er setzt den Krankheiten des Lebens ein Ende. Ja, Er zieht das süße Leben in Seine Gegenwart, macht es still und verschlingt es als eine Opfergabe. Welch ein Wunder! Oh Mensch, das sollst du wissen und gerettet werden! Dieser Vernichter der Seelen erstrahlt in dir als der große Arunachala.

Wie viele, die wie ich in Ihm das Höchste sahen, sind bereits verloren? Oh du, der du die Liebe für dieses Leben verloren hast, da deine Sorgen übermächtig geworden sind, und der du die Sehnsucht nach einem schnellen Tod hegst, denke nur einmal und gelegentlich an diese süße Droge, die tötet ohne zu töten. Wisse, es ist der große Arunachala!«

Und jetzt lasst uns die Strophen 6 und 7 der ›Acht Verse an Arunachala‹ betrachten:

»Du bist der Eine – das Herz, die Quelle allen Wissens und allen Lichts. In Dir ist eine wundersame Macht (*Shakti*) am Werk, die ohne Dich nicht existieren kann. Die Bilderfolgen, die im Film des Schicksals (*Prarabdha*) verankert sind, werden von dieser Macht durch Gedanken und Wissen auf die Leinwand des erhellten Geistes projiziert und stellen darauf die Bilder der Schattenwelt dar, die durch die Sinnesorgane im Innern und in der Außenwelt wahrgenommen werden. Oh glorreicher Berg, Du bist wie die Leinwand. Die Bilder, die man durch die Linse sieht, können nicht ohne Dich existieren, ob sie nun erscheinen oder wieder verschwinden.

Ist der Egoismus verschwunden, verschwinden auch alle Gedanken. Solange das nicht der Fall ist, frage dich, sobald Gedanken auftauchen, wem sie kommen. Die Antwort lautet: »mir«. Dann frage weiter, wo dieser Ich-Gedanke seinen Ursprung hat. Tauche auf diese Weise nach innen und erreiche den Sitz des Herzens. Dann wirst du zum Herrn. Dort gibt es keine Träume von Zweiheiten wie ›ich‹ und ›du‹, Gut und Böse, Geburt und Tod, Freude und Leid, Licht und Dunkel. An diesem Platz, dort im Herzen, da tanzt reglos das Höchste – der Arunachala, das grenzenlose Meer von Gnade und Licht.«

Das ›Arunachala Pancharatna‹ (Fünf Edelsteine für Arunachala) ist das letzte Gedicht aus der Hymnen-Reihe. Es wurde zuerst von Bhagavan in Sanskrit geschrieben und danach von ihm ins Tamil übersetzt. Die erste Strophe hatte Bhagavan bei Gelegenheit niedergeschrieben. Viel später zeigte sie jemand Kavyakanta Ganapti Muni, der Bhagavan bat, vier weitere Strophen im selben Versmaß zu verfassen.

Man kann leicht erkennen, dass ›Arunachala Pancharatna‹ ein eigenständiges Werk ist. Es ist eine devotionale Hymne, die denen, die sie singen, viel Trost spendet. Kavyakanta wollte dazu einen ausführlichen Kommentar schreiben, aber er starb, bevor er diesen Plan verwirklichen konnte.

Die Strophen 2 und 5 mögen als Beispiele dienen:

»Oh purpurroter Berg! Auf Dir tauchen alle Bilderfolgen des Universums auf, spielen sich auf Dir ab und gehen in Dich wieder ein. Die Weisen nennen Dich ›Herz‹ und ›Selbst‹, weil Du im Herzen immerwährend als ›Ich‹ tanzt.

Wer Dich ständig durch sein Herzen erblickt, das er Dir hingegeben hat, und alles als Deine Form betrachtet, wer Dich aufrichtig verehrt, der siegt, indem er mit Dir verschmilzt.«

29. Wo ist die Göttliche Welt?

Als ich in meiner Jugend die *Upanishaden* studierte, stellte ich mir die Wohnstatt Gottes immer im Sonnengott vor und machte die Übungen, die in bestimmten Texten ausdrücklich empfohlen werden. Selbst als ich bei Sri Maharshi wohnte, machte ich mit dieser Praxis weiter. Die Übungen richtig durchzuführen war sehr schwierig, und sie brachten mir sehr aufreibende Erlebnisse ein. Deshalb berichtete ich Bhagavan davon.

»Du willst also zur göttlichen Welt?«, fragte er.

»Ja, das versuche ich. Das schreiben die Schriften vor«, antwortete ich.

»Und wo bist du jetzt?«, fragte der Meister.

»Ich bin in deiner Gegenwart.«

»Du Armer! Du bist hier und jetzt in der göttlichen Welt und möchtest sie anderswo finden! Wisse, die göttliche Welt ist dort, wo man fest im Göttlichen verankert ist. Solch einer ist die Fülle. Er umfasst und überschreitet alles Sichtbare. Er ist die Unterlage der Leinwand, auf der sich alles Sichtbare wie ein Film abspielt. Ob sich dort Bilder bewegen oder nicht, die Leinwand ist immer da und wird von den Handlungen des Films nicht beeinträchtigt. Du bist hier und jetzt in der göttlichen Welt. Du bist wie der durstige Mann, der trinken will, obwohl er die ganze Zeit bis zum Hals im Ganges steht. Gib alles Bemühen auf und gib dich hin. Lass dieses ›Ich‹, das die göttliche Welt will, sterben, und das Göttliche in dir wird hier und jetzt verwirklicht. Denn es ist ja bereits als das Selbst in dir. Es ist nicht vom Göttlichen (*Brahman*) verschieden. Es ist namen- und formlos. Es ist schon in dir. Wie also könntest du etwas erhalten, das du immer schon hast? Das Selbst (*Atman*) in dir ist gewiss nicht verschieden von UNS, oder?«

Ich verneigte mich vor ihm und fragte: »Dann sagt Bhagavan, dass Er das Selbst in mir ist, dass Dies bereits in Bhagavan Wirklichkeit ist, sodass ich nichts tun muss, außer das Empfinden, eine separate Seele zu sein, aufzugeben?«
»Ja, natürlich«, antwortete er. »Man muss das Ego-Empfinden fallen lassen. Wenn man das tut, wird man das Selbst als ›Ich-Ich‹ erfahren, hier und jetzt und zu allen Zeiten. Es gibt dann weder ein Gehen in die göttliche Welt noch ein aus ihr Herauskommen. Du wirst das sein, was du in Wirklichkeit bist. Das ist die Praxis (*Sadhana*) und auch die Vollendung.«

30. Wer bin ich?

Ich bin das Selbst (*Atman*). Ich bin von Natur aus Sein-Bewusstsein. Sein ist meine Natur. Ich bin das Selbstbewusste Zeugenbewusstsein. Ich bin nicht mit den drei Zuständen von Wachen, Traum und Tiefschlaf identisch. Sie kommen und gehen in meiner Gegenwart. Ich bin derjenige, der die Wirklichkeit erkennt. Ich bin mit dem Göttlichen identisch.

Da ich von den Schwankungen der Lebensenergie und des Geistes unabhängig bin, habe ich weder Freuden noch Sorgen. Diese gehören dem Zustand des Wachens und des Träumens an. Sie sind die Stimmungen der individuellen Seele. Im Wachen ist die Seele individueller Intellekt, im Traum besteht sie aus Licht, und im Tiefschlaf ist sie die Weisheit und Seligkeit in ihrem negativen, unbewussten Aspekt.

Ich bin derjenige, der die Wirklichkeit erkennt. Die drei Zustände sind in Wahrheit nicht-existent. Sie resultieren nur aus meinen latenten Neigungen (*Vasanas*), und selbst während sie aktiv sind und meine wahre Identität überdecken, bin ich das Selbst.

Ich bin die Gegenwart und bin immer da. Deshalb kann ich nicht neu entdeckt oder erlangt werden, wenn ich mich über mich selbst nicht mehr täuschen lasse. Ich bin ungeboren. Deshalb kann mich der Tod nicht berühren. Für mich bedeutet der Tod nicht den Verlust des Körpers, sei er nun grobstofflich, feinstofflich oder kausal. Für mich bedeutet der Tod lediglich, das Selbst mit dem Nicht-Selbst zu identifizieren. Dies ist die Vergiftung, und diese Vergiftung bedeutet den Tod. So hat es der Maharshi gelehrt.

Die Unterscheidung [zwischen Beständigem und Unbeständigem] beseitigt diese Vergiftung und bedeutet Unsterblichkeit. Die Unsterblichkeit wird nicht nach ausgedehnter Buße irgendwann in der Zukunft erlangt, sondern hier und jetzt. Als Folge der Unterscheidung werde ich beständig ergründen, wer ich bin. Durch die Suche, wie sie der gütige Meister lehrt, erkenne ich das ›Ich‹ als das wahre Substrat, als das ständig bewusste Selbst. Die Selbst-Erforschung ist nur auf dem Weg nötig, denn das endgültige Ziel ist die höchste Einheit, in der es nichts mehr zu erkunden gibt.

Ich bin das endgültige Ziel des Weges. Die Wirklichkeit, dass ICH BIN, scheint durch Verwirrung und einen Schleier verhüllt zu sein. Aber durch die Gnade des Gurus werde ich fest in meiner eigenen Wirklichkeit verankert. Die Schleier sind weggefallen, sowohl innen als auch außen. Ich bin der eine Unteilbare, der Vierte Zustand (*Turiya*). Obwohl er in Bezug auf die drei veränderlichen Zustände [Wachen, Traum und Tiefschlaf] der ›Vierte Zustand‹ heißt, liegt er allen anderen Zuständen zugrunde und ist der ursprüngliche Seinszustand. Wenn der Vierte Zustand mit der wahren Natur des Gurus in Kontakt ist, wird er in das Sein verankert und ist dann das Eine Ganze.

Ich bin das Herz (*Hrdaya*), das eine ewige ›Ich-Ich‹.

31. Wo kann man das Selbst finden?

Im Zustand des Tiefschlafs erfährt man Ruhe und reine Glückseligkeit. Man kommt erfrischt aus diesem Etwas, in das man während des Tiefschlafs gesunken ist.

Was ist dieses Etwas? Es ist das Selbst, das Zeugenbewusstsein, das von nichts beeinträchtigt werden kann. Es ist die unveränderliche Wahrheit, der Grund unseres wahren Seins, in dessen Gegenwart die anderen Zustände von Wachen, Traum und Tiefschlaf der Reihe nach vorüberziehen. Es ist dieses wahre Sein, das ›Ich-Ich‹ im Herzen.

Bhagavan drängt darauf, dass man die Grundlage aller Erscheinungen als das Selbst erkennen soll, das Selbstbewusst als ›Ich-Ich‹ im innersten Schrein des Herzens erstrahlt, das unbewegte und von nichts bedingte Zeugen-Bewusstsein.

Allein diese Einsicht kann zur Erfahrung der Einheit des Selbst mit allem führen. Und nur durch diese Einsicht wird selbstloses Tun selbstverständlich. Dann ist alles, was man tut, spontan und natürlich. Das ist die universale Religion. Die innere Erfahrung und das äußere Leben werden zu einer ganzheitlichen Existenz. Das ist reine Verehrung (*Bhakti*), wahres Yoga und Wissen in Fülle.

32. Ist die Stille selbstauferlegt oder vom Selbst auferlegt?

Das, was ist, ist Sein (*Sat*) und wird auf verschiedene Weise beschrieben: positiv als Licht, höchstes Bewusstsein, Fülle, Himmel, Stille, Gnade und negativ als Nirvana, Befreiung usf. Als *Chit* (Bewusstsein) und *Ananda* (Seligkeit) äußert es sich als das Herz von allem, was in Erscheinung tritt. Als Gnade ist sein einziges Bemühen darauf gerichtet, sich durch alles Seiende auszudrücken. Als Freude ist es der ewige Tanz, der sich hinter dem Wachen, Träumen und Tiefschlaf abspielt, obwohl wir scheinbar nur diese drei Zustände erfahren.

Das Bemühen der Menschheit liegt seit undenklicher Zeit darin, diese ewige Freude zu entdecken. Man nennt dieses Bemühen *Tapas*. Das Ergebnis ist nicht, etwas Neues zu erlangen, sondern lediglich, das eigene Vehikel bereit zu machen, damit es von der ewig-gegenwärtigen Gnade übernommen werden kann, um in ihr zu verbleiben und herauszufinden, dass es nichts außer Es gibt. Wo immer ein solches vollkommenes Vehikel vorhanden ist, drückt sich die Gnade spontan aus und übernimmt es sofort und vollständig. Einen solchen Menschen nennt man *Maharshi*, *Siddha*, *Jivanmukta* usf.

Vor vielen Jahren ist ein solch vollkommener Mensch in die Welt gekommen. Nachdem Ramana etwa 16 Jahre lang ein offensichtlich normales Leben geführt hatte, erwachte die Gnade in ihm, strömte in ihn und aus ihm hervor, nahm sein normales Bewusstsein gefangen und zog es immer tiefer nach innen, dorthin, wo nichts anderes als ES selbst gesehen, gehört oder erkannt wird, wo weder die Sonne noch der Mond oder die Sterne scheinen, wo Es all das und die Fülle ist. Bezaubert von der Gnade und von ihr umarmt, sich keiner Sache bewusst und doch ewig bewusst wurde er zu Arunachala, dem ewigen Licht, getrieben. Hier saß er und saß, völlig in der Gewalt des ewig bewussten Lichtes. Er konnte nicht sprechen, er konnte seine Augen nicht öffnen und sich nicht bewegen, aber nicht etwa weil er es so wollte. Was wir als ›ihn‹ bezeichneten, war in der Gewalt eines inneren Etwas, das für ihn die Erfahrung des grenzenlosen Bewusstseins und allumfassenden Glücks war. Dieser Zustand der Fülle ist Schweigen und vollkommener Friede. Es ist die Wirklichkeit, zu der der Maharshi erwachte, in der es ›ihn‹ nicht mehr gab, um eigenständig zu handeln.

Als die kleine Luftblase seiner Individualität in die Weite einging und von ihr dauerhaft bezaubert wurde, wurde er zu einem neuen Menschen. Seine alten Fähigkeiten hatten jetzt Teil an der Natur der Essenz, in die sie eingegangen waren. Bis seine Umwandlung vollendet war, hielt der Vater den schlafenden Sohn fest in seiner Umarmung. Der Sohn, der den Rückzug in das innere Gemach seines Vaters genoss, konnte sich währenddessen seines Körpers nicht bewusst sein. Als dieser Prozess der Harmonisierung vollendet war, ließ der Vater sein Kind mit jedem beliebigen Bengel auf der

Gasse spielen. Da das Kind wie der Vater zu einer überragenden Persönlichkeit geworden war, konnte der Vater sicher sein, dass die Berührung mit den verdorbenen Straßenjungen seinen Sohn nicht beeinträchtigen konnte. Im Gegenteil, er war sich sicher, dass er nicht nur mit ihnen spielen, sondern sie alle nach seinem und seines Vaters Bild umformen konnte.

Als er aus diesem Zustand herauskam, bemerkte er, dass er durch die Gemeinschaft mit seinem Vater in der Sprache des Schweigens seine Stimme verloren hatte. Er hätte still in die Seligkeit der väterlichen Kammer zurückkehren können, aber er tat es nicht. Er fühlte großes Mitleid mit den Gassenjungen, und so begann er zu plappern wie ein neugeborenes Kind. Jene, die das Glück hatten, in seiner Nähe zu sein, als er aus seines Vaters Gemach kam, können seine ersten Bemühungen, sich zu artikulieren, bezeugen. Seine Stimmbänder konnten einige Jahre lang keine zusammenhängenden Sätze bilden. Heute sind seine besänftigende Stimme, seine strahlenden Augen und seine sanfte Berührung der Trost von abertausenden von Pilgern aus Ost und West. Mag seine Gnade immer mit uns sein und alle segnen, die das Licht ersehnen.

33. Der Göttliche Herrscher Dharmasashta

Harihara

Die Verehrung Dharmasashtas[42] ist darin einmalig, dass allein die Erwähnung seines Namens Ehrfurcht erweckt und ein Schauen des Absoluten und Relativen vor das geistige Auge bringt. Es bringt das Schauen des Unmanifesten und des Manifesten, des Wissens und der Gnade, von Hara und Hari, *Shiva* und *Shakti* (die schöpferische Kraft) und als Höhepunkt die innerste Erkenntnis, die aus der Einheit in der Vielfalt hervorgeht.

---

[42] Dharmasashta oder Sashta ist eine berühmte Gottheit Südindiens. Seine Eltern sind *Vishnu* (Hari) und *Shiva* (Hara).

Auf dem Hintergrund dieser Einheit werden die Verschiedenheiten als reine Variationen erkannt, die nicht von der Einheit getrennt sind. Dies ist die großartige Wahrheit, die Haris und Haras Sohn verkündet. Er fordert uns auf, sie zu verstehen, damit wir von den Fesseln der Welt befreit werden.

In der Erkenntnis und Gnade dieser Einheit wird die Seligkeit des reinen Seins erfahren. In der Erkenntnis und Gnade der Einheit von *Shiva* und *Shakti* wird *Skanda*, der Zerstörer der ursächlichen Unwissenheit erkannt. In der Erkenntnis und Gnade der Einheit von Hari und Hara wird Sashta, der Spender des höchsten Gutes erblickt.

Hari verhüllt sich selbst in seiner *Vishnu*-Gestalt und führt die Seelen zur dynamischen Aktivität. Er tut dies nicht um seinetwillen, sondern damit die Seele sich weiterentwickelt. Wenn sie sich vollkommen entwickelt hat, wirft er seine Hülle ab und hilft der reifen Seele, den Knoten der ursprünglichen Unwissenheit zu zerschneiden. Alle Zweifel finden ein Ende, und man erfährt die Einheit des Selbst (*Atman*) mit *Brahman*.

Darin liegt die Gnade Sashtas: Er lehrt und leitet an, er übermittelt und lenkt zur höchsten Erkenntnis, indem er die grundlegende Einheit des Individuums mit der manifesten Welt sowie das Verweilen des Manifesten im Absoluten herstellt. Er ist die Essenz der Einheit von Hari und Hara und ebenso von *Shiva* und *Shakti*. Er ist Hayagriva[43]. Er ist die Gestalt Guru Govindas (*Krishna*). Er ist *Dakshinamurti*. Er ist Gott, Guru und das Selbst, alles in einem.

---

[43] Gott des Wissens und der Weisheit, eine Wiedergeburt *Vishnus*

Dies ist die Interpretation des Dharmasashta im Licht der Lehre von Bhagavan Sri Ramana Maharshi.

34. Die Ribhu-Gita

Ribhu war ein großer Seher (Rishi). Er wird in einigen *Upanishaden* erwähnt. Es heißt von ihm, er habe direkt vom höchsten Herrn göttliches Wissen empfangen und es an einige seiner Schüler weitergegeben, wie etwa an den Weisen Nidagha. Seine Belehrungen an Nidagha sind in der Ribhu-Gita enthalten. Sie wurde oft in Bhagavans Gegenwart vorgelesen. Da Bhagavan gerne auf sie verwies und aus ihr zitierte, ist sie in allen Büchern über ihn erwähnt.

[Die folgende Geschichte findet sich ausführlicher im Anhang.]
Lange nachdem Ribhu Nidagha belehrt hatte, wollte er wissen, wie es seinem alten Schüler ging. Er verkleidete sich als einfacher Dorfbewohner. Nidagha beobachtete soeben eine Prozession, und Ribhu fragte ihn, was es dort zu sehen gäbe. Nidagha erzählte, dass der König dabei sei und auf einem Elefanten reite. Ribhu fragte weiter: »Und welcher von beiden ist der Elefant und welcher der König?« Der Schüler antwortete: »Warum fragst du? Der unten ist der Elefant, der oben sitzt, ist der König!«

Der verkleidete Weise gab vor, nicht zu verstehen, was sein Schüler mit ›oben‹ und ›unten‹ meinte, und Nadagha musste es ihm vorführen. Er bezeichnete den angeblichen Dorfbewohner als einen hoffnungsloser Dummkopf, stieg auf den Rücken seines Meisters und sagte: »Jetzt bin ich oben, und du bist unten.«

Leider Gottes konnte der arme Dorfbewohner auch nicht verstehen, was mit ›ich‹ und ›du‹ gemeint war, und fragte den Schüler nach der Bedeutung dieser Wörter. Da dämmerte es dem Schüler, dass er keinen anderen als seinen erhabenen Meister vor sich hatte, der gekommen war, um ihn zu segnen und ihm zu helfen, sich selbst zu erkennen. Nidagha verneigte sich vor Ribhu, der gekommen war, um zu sehen, wie sein Schüler lebte und welchen Fortschritt er gemacht hatte.

Es gibt noch eine Legende über Bhikshu Shastri, der die Ribhu Gita ins Tamil übersetzt hat, die wert ist, erzählt zu werden.

Bhiskshu Shastri war sehr betroffen von der Lehre des reinen *Advaita* in dieser Gita. Fortan glaubte er so fest an diese Lehre, dass er die Wahrheit und Wirklichkeit der Phänomene inklusive der Götter leugnete. Er sagte, ihre Existenz sei so wirklich wie der Sohn einer unfruchtbaren Frau, das Horn eines Hasen oder die Blumen am Himmel. Die Götter ärgerten sich über den Atheismus des Übersetzers, stellten ihn auf die Probe und nahmen ihm sein Augenlicht. Nur wenn er Verse zum Lob des Herrn *Nataraja* schreiben würde, würde sein Augenlicht wiederhergestellt werden. Da er es gewagt hatte, sich über den Form-Aspekt des Formlosen hinwegzusetzen, musste er als Strafe einen Vers zum Lob des Herrn *Nataraja* an das Ende jedes der 44 Kapitel der Ribhu-Gita setzen.

Dies ist die Essenz der Lehre dieser kostbaren Gita, auf die Bhagavan so oft zurückgegriffen hat:

»Das Selbst ist ein Ganzes. Es ist Selbst-Bewusstsein. Es ist das Göttliche (*Brahman*), das Unzerstörbare, das Seiende, es ist ohne Anfang und unendlich vieles. Nichts ist vom Selbst (*Atman*) getrennt. Nichts anderes ist es wert, dass man darüber meditiert. Alles, was manifest ist – das Ich, das Du, Er, der Herr und alles andere – alles ist das Göttliche. Es gibt nicht einmal ein Atom, das vom Selbst getrennt wäre, das IST – es ist die einzige Essenz in allem. Deshalb ist die Gewissheit »Ich bin das Göttliche« (*Aham Brahmasmi*) die ewig wahre Erkenntnis. Wisse: Ich bin Sein-Bewusst-sein-Seligkeit, ich bin von Natur aus mein eigenes Selbst. Ich bin ohne die Unterschiede von Kaste, Sippe, Geburt und ähnlichem. Ich bin das göttliche Absolute, das ewig in vollem Glanz als das alles erstrahlt, das Ganze, makellos, intelligent, ewig ungebunden, wahr und still, jenseits des Körpers, der Sinne, des Lebensstroms, der Gedanken und Gefühle, des Intellekts, des Geistes und des Ich-Gefühls. Ich bin unberührt von den fünf Hüllen (*Kosa*), unbeeinträchtigt durch Geburt und Tod, frei von einer Welt, die leblos und lebendig ist. Du bist DAS. Dies ist die Erfahrung von »Ich bin das Göttliche«, indem man das ganze Konzept des Individuums, der Welt und dessen, was jenseits davon ist, durch die reine Erkundung verneint.

Die *Maya* der Welt existiert nicht für Dich. Du bist die Seligkeit der Makellosigkeit, ohne Zweck und auch ohne jede Unklarheit. Du bist das, was *Vedanta* bedeutet. Du bist die ungeteilte Gestalt hinter den drei Wolken.[44] Du bist das eine Selbst ohne Eigenschaften und Veränderungen, das weder durch den Geist noch durch die Sprache erfahren werden kann. Hier und dort, dies und das, ich und er/sie/es – die Übermittlung solcher Vorstellungen ist lediglich der Geist (Gedanken, Gefühle usf.). Die Vorstellungen von Zeit, Raum, Objekten, Dreiheiten und ihr Erscheinen, himmlische Wesen und Menschen, Hari und der Schöpfer *Brahma*, Meister und Schüler – das alles ist nur der Geist.

---

44 drei Wolken: die Dreiheit von Seher, Gesehenem und Sehen, die Dreiheit von Wachen, Träumen und Tiefschlaf usf.

[Im Folgenden wird erklärt, wie sämtliche Formen der äußeren Verehrung *Shivas* durch das eine, wahre Selbst-Verständnis ersetzt, überschritten und erfüllt werden.]

Dies ist die wahre Form der Verehrung: »Ich bin das Meer der Seligkeit, das immer voll ist!« Die Erfahrung dieser Seligkeit bedeutet das Baden des höchsten Herrn im heiligen Wasser. »Ich bin das Grenzenlose!« Die Erfahrung dieser Seligkeit ist das Bekleiden des höchsten Herrn *Shiva*. »Ich bin das Selbst!« Die Erfahrung dieser Seligkeit ist die wahre Opfergabe von Schmuck für den höchsten Herrn *Shiva*. Wenn man die Gedanken ablegt, die zu den verschiedenen Eigenschaften führen, ist dies das Opfer des Ungebundenen für *Shiva*, den höchsten Herrn. Wenn man jedes Gefühl eines Unterschieds zwischen dem Selbst, dem Guru und dem Herrn auslöscht, ist dies das Opfern von Blättern des Bilva-Baumes[45] für *Shiva*, den höchsten Herrn. Wenn man die alten Neigungen (*Vasanas*) von sich wirft, ist dies das Verbrennen von Weihrauch vor *Shiva*, dem höchsten Herrn. »Ich bin der eigenschaftslose *Shiva*, der höchste Herr!« Die Erfahrung dieser Seligkeit ist das Schwenken von Lichtern (Arati) vor dem höchsten Herrn *Shiva*. Das Verständnis, dass das Göttliche und das Selbst ein und dasselbe sind, ist das Verbrennen von duftendem Harz vor *Shiva*, dem höchsten Herrn. Das allein ist die Opfergabe von Blumen, wenn man als Selbst, als höchstes Glück verbleibt. Das allein ist das einträchtige Singen des heiligen Namens, wenn man begreift, dass man selbst ohne Namen und Gestalt ist.

Ich bin das höchste Wissen, das von den Schriften über die spirituelle Weisheit (*Vedanta*) definiert wurde. Ich bin das

---

45 Der Bilva- oder Bel-Baum gilt als heiliger Baum *Shivas*.

beständige Glück, das in der universalen großen Stille verweilt. Ich bin die einzige, unteilbare Gestalt.

In der Leere zu verbleiben ist Beständigkeit. Dies in sich ist Weisheit (*Jnana*), Befreiung, *Shiva* und völlige Einheit. Die Gedankengebilde sind unrein. Sie erschaffen Zeit und Raum sowie den Unterschied zwischen der Welt und dem Einzelnen und richten großen Schaden an. Der Geist wird absichtsvoll und verunsichert, aber das egoistische Selbst existiert in Wirklichkeit nicht. Die Wahrheit ist: »Ich bin das Göttliche« (*Aham Brahmasmi*). Meditiere darüber, praktiziere den Yoga der Weisheit, vernichte jedes Gefühl von Unterschied, sei von der Krankheit des Geistes geheilt, erlange die Stille der konkreten Erfahrung und verstehe die Befreiung von der Gefangenschaft. Das Verbleiben im Selbst als »Ich bin das Göttliche« ist die wahre Reinwaschung. Die Definition des Selbst als das immer schon verwirklichte Göttliche ist der wahre Himmel.

Jener ist schon zu Lebzeiten befreit (*Jivanmukta*), der bewegungslos wie ein Berg still und makellos ist, der das Selbst in sich ist, das absolute Sein, das er als Seligkeit erlebt. Er ist befreit von der Individualität, befreit von allen Konzepten, er ist still, er ist wie das reine Licht, er ist unbeflecktes, friedvolles, beständiges Glück, er ist ohne Körper. Wissen, Fühlen, Denken, Beten, Beschließen, Verweilen – all dies kann nur im Selbst sein. Meditiere beständig »*Aham Brahmasmi*«, bis es bleibend wird. Befreie dich später selbst von diesem Gedanken, und sei einzig das Selbst.

Wenn man etwas vom Göttlichen getrennt sieht, ist dies die Ursache für das Gefühl eines Unterschieds und damit die Ursache von Furcht. Die Gedankenwellen, die im Geist entstehen, sind die Ursache für Gebundenheit. Wenn es keinen

Geist gibt, gibt es weder eine Welt noch ein Individuum. Die Überwindung des Geistes ist die größte aller Überwindungen. Es ist das Göttliche selbst, das als Welt, Individuum und das, was jenseits davon ist, in Erscheinung tritt. Wenn man immer und überall als das Göttliche verbleibt, führt das zur Überwindung des Geistes. Dann wirst du verstehen: »Alles ist das Göttliche. Ich bin das Selbst«, und du wirst den natürlichen Zustand erreichen.

Die Sichtweise: »Das bin ich« ist der sicherste Weg, den Geist zu überwinden. »Es gibt nichts, was von mir getrennt wäre. Die drei Zustände, die fünf Hüllen, die drei Eigenschaften, das Getrennte und die Menge – all das existiert nicht von mir getrennt. Alles, was gesehen wird, ist der Seher, das Selbst.« Sei friedvoll in dem Gefühl »Das bin ich!« Wirf die Idee von dir, der Körper zu sein. Sei fest in dem Gefühl verankert: »Ich bin das Selbst.«

Die Folgerung aller vier *Veden*, des Rig-, Yajur-, Sama- und Atharva-Veda, ist immer dieselbe: das »wohlbekannte Göttliche«, das »Ich bin das Göttliche«, das »Das bist Du«, und »Ich selbst bin das schöpferische *Brahman*, das göttliche Wissen«. Derjenige, der dich das lehrt, ist der wahre Guru. Wenn du diese Unterweisung (*Upadesa*) erhalten hast, wirf alle anderen Bücher fort und bleibe fest in deiner Meditation von »Ich bin das Göttliche«.

Lass einzig das reine Sein des Göttlichen verwirklicht sein. Wenn die Sonne dieser Erkenntnis aufgeht, wie kann dann noch die Dunkelheit der Unwissenheit walten? Der Geist dessen, der sich gewiss ist, dass das Göttliche ein einziges Ganzes ist, kann von der großen Illusion (*Maya*) nicht mehr erschüttert werden, genauso wenig wie der gewaltige Berg

Meru dadurch erschüttert werden kann, dass man ihn an einen Faden bindet.

Übe »Das bin ich« (*Soham*). Die Erfahrung »Ich bin *Shiva*« (Shivoham) wird dich in *Shiva* verwandeln. Deshalb singe: »Shivoham, Shivoham, Shivoham!«

35. Sechs Strophen für Sri Bhagavan

1. **W**ir verehren Ramana, der in Seiner Absolutheit reines Bewusstsein ist. Er ist die Verkörperung allen Wissens. Er kennt weder Geburt noch Tod. Er ist die Stütze aller Lebensenergie. Er nimmt den Dienst an, den spirituell Strebende Ihm erweisen. Mit Ihm ist keiner zu vergleichen. Keiner steht höher als Er. Wie die Sonne am Himmel erstrahlt Er als Erkenntnis in unseren Seelen. Die Existenz der ganzen Welt hängt von Ihm ab. Ihm erweisen wir die Ehre.

2. Wer Bhagavan Sri Ramana verehrt, der als der Herr *Subrahmanya* auf dem Arunachala wohnt, wird die Kraft der Gedankenkontrolle und Beherrschung der Sinne erlangen. Dadurch wird er fähig, auf Freude und Leid mit Gleichmut zu blicken. Der unruhige Geist wird konzentriert und in seliger Bewusstheit erblühen.

3. Wer stets »Om Ramanaya Namaha« [Ehre sei Ramana] meditiert, ist frei von Todesangst. Kommt der Tod und das Selbst ist verhüllt, wird die Meditation der heiligen Silbe »Ramana« uns vom Tod erretten, indem sie dem Tod selbst ein Ende setzt.

4. Das Selbst im Herzen ist es, das als die fünf Elemente in Erscheinung tritt, als Sonne, Mond und Sterne, als Engel und die Gottheiten, als der unermessliche Raum und der Ursprung all dessen, was existiert. Lasst uns das Selbst als Ramana verehren.

5. Ramana, das reine Selbst, dessen Gnade vom Sitz des Herzens entspringt, dessen Gnade auf seinem ruhigen Gesicht spielt und durch seine wundervollen Augen gelenkt wird – Er segnet alle, die sich an Ihn wenden.

6. Höre, ich werde dir von der goldenen Wohnstatt der Weisheit erzählen, wo der allmächtige Ramana wohnt. Ohne die inneren und äußeren Bindungen aufzugeben, ist es selbst für den schärfsten Intellekt unmöglich, das Herz zu erreichen, wo Er allein als Gnade erstrahlt und wo die Milch der Weisheit überfließt. Komm, lass uns dort verweilen, lass uns den Nektar der Gnade trinken und befreit sein!

Anhang

1. Die Geschichte vom heiligen Jäger Kannappar
(erzählt nach dem *Periyapuranam*)

Kannappar vor dem *Shiva-Lingam*, wie er sich gerade sein zweites Auge ausreisen will, und der Priester ihn in seinem Versteck beobachtet

Kannappar entstammte einem wilden Bergvolk. Sein Vater Naaga war als bester Jäger das Stammesoberhaupt, und Kannappar, der ein stattlicher, unerschrockener und im Jagen geschickter junger Mann geworden war, trat schließlich dessen Nachfolge an. Nach der feierlichen Zeremonie brach Kannappar mit seinen Gefolgsleuten zur großen Jagd auf. Als sie einen mächtigen Eber erlegt hatten, waren sie hungrig und wollten ihn braten. Einer von ihnen erinnerte sich daran, dass in der Nähe des Berges Kalahasti ein klarer

Strom floss, wo sie auch ihren Durst stillen konnten. Kannappar und Naanan machten sich auf den Weg zu jenem Berg, auf dem der Herr (*Shiva* von Kalahasti) ein *Lingam* hat. Kannappar schlug vor hinaufzusteigen, den *Darshan* des Herrn zu erhalten und ihn zu verehren. In diesem Moment spürte er, dass sein Leben eine andere Wendung nehmen würde. Sein Herz war plötzlich von großer Sehnsucht erfüllt. Mit überströmender Liebe eilte er dem höchsten Herrn in Gestalt des *Lingams* entgegen, seine Haare standen ihm zu Berge, und Tränen strömten aus seinen Augen. Er sagte sich: »Jener, den ich seit einer Ewigkeit suche, ist hier gefangen. Wie die abgehärteten Männer unseres Stammes wurde mein Herr hier ohne einen Freund zurückgelassen, um den Gefahren des Waldes zu begegnen. Was für ein Jammer, dass ich es nicht früher erkannt habe!«

Dann bemerkte er, dass jemand das *Lingam* verehrt hatte, denn Blätter und Blumen waren darüber gestreut und Wasser war darüber gegossen worden. Er dachte, dass dies eine Schandtat für den Herrn sein müsse und fragte Naanan, ob er wisse, wer dies getan haben könnte. Naanan erwiderte, dass er einmal auf seiner Jagd einen Brahmanen bei seinen Riten und beim Murmeln seiner *Mantren* beobachtet habe und dass er wohl auch heute da gewesen sei. Der leidenschaftliche Kannappar dachte: »Ist das etwa ein Gottesdienst, der dem Herrn gefällt? Ich sollte auch einen Gottesdienst verrichten, aber wie kann ich weggehen, meinen Herrn alleine lassen und ihm Fleisch zu seiner Mahlzeit und Wasser für sein Bad bringen?«

Schließlich entschloss er sich, den Berg hinabzusteigen, um dem Herrn zu essen zu bringen, in der Hoffnung, dass dem Herrn in der Zwischenzeit nichts zustoßen möge. Seine Liebe trieb ihn zur Eile an, sodass Naanan ihm kaum folgen konnte. Sie erreichten den Fluss, wo ihr Kamerad Kannadan auf sie gewartet und in der Zwischenzeit den Eber gebraten hatte. Er machte ihnen Vorwürfe, so lange ausgeblieben zu sein. Naanan berichtete ihm: »Der da konnte sich vom Herrn auf dem Berg nicht mehr losreißen, genauso wenig wie ein Leguan, der sich an ein Loch in einem Baum klammert. Jetzt ist er nur gekommen, um dieses Fleisch seinem Herrn zu bringen. Er ist für uns verloren.«

Als Kaanadan das hörte, rief er aus: »Was hast du getan, Kannappar, dass diese Illusion sich deiner bemächtigt hat? Bist du nicht unser großer Stammesfürst?« Kannappar sah ihn nicht einmal an, sondern wickelte die guten Stücke des Eberfleisches in Blätter, nachdem er sich davon überzeugt hatte, dass sie gut schmeckten, und eilte zurück zu seinem Herrn. Er brachte ihm das in Blätter gewickelte Fleisch, das Wasser für sein Bad trug er in seinem Mund, und die Blumen hatte er in seine Haarsträhnen gebunden. »Mein Herr wird hungrig und müde sein«, dachte er. Dann goss er das Wasser aus seinem Mund über den Herrn, nahm den Blumenkranz aus seinem Haar, umkränzte damit den Herrn des Berges und opferte ihm das Fleisch, indem er sagte: »Dieses Fleisch wurde gut zubereitet. Ich habe selbst davon probiert, ob es auch gut schmeckt. Bitte nimm es an und genieße es.« Er dachte aber, dass der Herr viel mehr Nahrung dieser Art brauche. Doch inzwischen ging die Sonne unter. Als Kannappar die Nacht herankommen sah, dachte er: »Mein Herr kann nicht alleine in der Dunkelheit bleiben, wenn die wilden Tiere umherstreifen.« Deshalb hielt er während der ganzen Nacht Wache, den Bogen in seiner Hand bereit.

Als der Morgen anbrach, dachte Kannappar, es sei nun Zeit, für den Herrn auf die Jagd zu gehen. Er verneigte sich vor ihm und machte sich in den Dschungel auf. Währenddessen kam der zuständige Priester und vollzog die vorgeschriebenen Riten für seinen Herrn. Er war bestürzt, als er die Knochen und das Fleisch überall herumliegen sah und rief aus: »Wer kann diese Stätte entweiht haben? Sicher waren es die furchtlosen Jäger. Mein Herr, wie konntest du das nur zulassen?« Er vergoss Tränen und warf sich nieder. Dann machte er sich daran, die unreinen Dinge wegzuräumen. Er vollzog die Reinigungsriten im Fluss, dann badete er den Herrn mit reinem Wasser und verehrte ihn in der vorgeschriebenen Weise mit *vedischen* Hymnen. Einigermaßen beruhigt verließ er das *Lingam* des Herrn.

Derweilen hatte Kannappar Eber, Hirsche und Rehe erledigt. Um die Mittagszeit machte er ein Feuer und briet das saftige Fleisch, bis es zart war, indem er die Fleischstücke auf seine scharfen Pfeile spießte und ins Feuer hielt. Dann verpackte er sie wiederum in Blätter, nachdem er davon gekostet hatte. Er eilte zurück zu seinem Herrn, den Mund voller Wasser und die Blumen in sein Haar geflochten, wie beim letzten Mal. Die Kränze des Priesters legte er beiseite und begann seine Verehrung in der erprobten Weise. Er opferte das Fleisch und sagte zum Herrn: »Es ist viel besser als gestern. Ich kann dafür bürgen, denn ich habe es gekostet.«

Auf diese Weise wechselte sich die Verehrung des Priesters mit der Kannappars ab, was den Priester sehr verärgerte. Eines Tages beklagte er sich beim Herrn: »Wie lange willst du diese Entweihung noch ertragen? Bitte entledige dich dieses Übeltäters!«

In derselben Nacht erschien ihm der Herr im Traum und sagte zu ihm: »Halte diesen Verehrer nicht für einen groben Kerl. Seine Art der Verehrung ist für Mich die reine Liebe. Er denkt nur an Mich, und alle seine Handlungen gefallen Mir. Wenn dieser Verehrer liebevoll die Blumen, die du mir umgelegt hast, mit seinem Fuß entfernt, ist diese Berührung für mich süßer als die des zarten Fußes eines Babys. Das Wasser, das er aus seinem Mund über mich ausschüttet, ist heiliger als das des Ganges, und die Blumen, die er über mich ausstreut, sind wie die Blütenblätter seiner tiefen Liebe. Das zarte Fleisch, das er gebraten und gekostet hat, um zu prüfen, ob es schön zart ist, bevor er es mir opfert, ist mir lieber als die Feueropfer. Die wenigen stammelnden Worte, die er in Liebe spricht, um mich zu bitten, sein Fleischopfer anzunehmen, sind für Mich wertvoller als die *vedischen* Lieder und Gesänge von Heiligen. Verstecke dich morgen hinter meinem *Lingam,* und ich werde dir das Ausmaß seiner Hingabe vor Augen führen. Derweilen wirf all deine Sorgen über Bord!«

Mit diesen Worten verschwand die Erscheinung, und der Priester erwachte erstaunt. Als die Sonne aufgegangen war, nahm er sein übliches Bad im Fluss und stieg den Berg hinauf. In spannender Erwartung verbarg er sich hinter dem *Lingam.*

Es war der sechste Tag. Kannappar hatte in allen vorangegangenen Nächten beim Herrn Wache gehalten. Wie üblich war er schon vor Sonnenaufgang und vor dem Eintreffen des Priesters zur Jagd aufgebrochen. Wie immer besorgte er Fleisch, Wasser und einen bunten Blumenkranz. Er spürte, dass er an diesem Tag zu lange ausgeblieben war. Eine seltsame Angst beschlich ihn.

Der Herr aber enthüllte nun dem Priester die wahre Natur von Kannappar. Blut strömte aus Seinem rechten Auge. Was für ein Schock war das für Kannappar! Kummervoll eilte er zu seinem Herrn. Er sah, wie das Blut beständig weitertriefte. Er war verwirrt. Das Wasser, das er in seinem Mund trug, floss heraus. Die Fleischstücke, die er in seinen Händen hielt, fielen auf die staubige Erde. Der Blumenkranz löste sich aus seinen Haarsträhnen. Er stürzte nieder und fiel flach auf die Erde. Einen Schuldigen konnte er nirgends finden, weder Mensch noch Tier. Was nur sollte er tun? Er versuchte, das Blut aus dem Auge des Herrn wegzuwischen, aber es floss weiter. Dann sammelte er Heilkräuter und gab deren Saft auf das blutende Auge, aber auch das half nicht. Da erinnerte er sich an die Redensart, dass Fleisch das Heilmittel für krankes Fleisch sei. »Ich werde mein eigenes Auge mit dem Pfeil ausstechen und es auf das Auge des Herrn legen.« Und so machte er es – und siehe da, das Auge des Herrn hörte zu bluten auf. Er freute sich so sehr, dass er wie ein Irrer um das *Lingam* tanzte.

Doch da begann auch das andere Auge des Herrn zu bluten. Kannappar war erneut schockiert. Er dachte sofort an das Heilmittel, das soeben geholfen hatte. »Ich werde auch mein anderes Auge dem Herrn auflegen.« Er setzte seinen linken Fuß auf das blutende Auge des Herrn, um die rechte Stelle zu treffen, da er dann ja blind sein würde. Soeben wollte er sein zweites Auge ausstechen, als der Herr es nicht länger mitansehen konnte, wie sich sein standhafter Devotee verstümmelte. Er streckte seinen Arm aus, hielt Kannappars Hand fest und rief dreimal: »Halt ein, Kannappar!«

Da erkannte der Priester die Wahrheit über die tiefe Verehrung Kannappars. Der Herr segnete Kannappar und sagte: »Oh du Untadeliger und Standhafter! Komm und bleibe für immer zu Meiner Rechten.«

2. Die Geschichte von *Dakshinamurti*[46]

Dakshinamurti mit seinen vier Schülern.
Mit dem rechten Fuß tritt er auf das Ego.

Brahma erschuf durch die Kraft seiner Gedanken vier Söhne: Sanaka, Sananda, Sanatsujata und Sanatkumara. Er bat sie, sich um die Erschaffung der Welt, ihren Erhalt und alles Weitere zu kümmern. Sie aber hatten daran kein Interesse, da sie völlig von der Welt losgelöst waren. Sie wanderten umher, auf der Suche nach Frieden und Ruhe. Da sie völlig leidenschaftslos und reif waren, spirituelle Unterweisung zu erhalten, nahm *Shiva*, der große Gott des Erbarmens, als

---

[46] Einführung zum *Dakshinamurti Stotram* von Sri Ramana Maharshi in: Ramana Maharshi: Collected Works, S. 201

Dakshinamurti menschliche Gestalt an. Er saß schweigend und in sich selbst versunken unter einem Banyan-Baum, seine rechte Hand in der Geste des *Chinmudra* erhoben.

Die vier Sucher wurden von ihm angezogen wie Eisen von einem Magneten. Sie saßen zu seinen Füßen, wie er ins Selbst versunken. Selbst spirituell fortgeschrittene Menschen können diesen Zustand der Stille nicht leicht verstehen. Die Welt, der Seher und das erkennende Bewusstsein stehen als Hindernisse auf ihrem Weg. Aber da es eine einzige Kraft (*Shakti*) ist, die sich als diese drei manifestiert und sie wieder in sich selbst zurückzieht, ist alles diese Kraft, die das Selbst ist. *Shankara* hat diese Wahrheit in seiner Hymne dargelegt.

Die Geschichte vom Weisen Ribhu und seinem Schüler Nidagha

(erzählt von Ramana Maharshi)

Der König und der Elefant

Der Weise Ribhu lehrte seinen Schüler die höchste Wahrheit über *Brahman*, den Einen, der ohne ein Zweites ist. Trotz seiner Gelehrsamkeit und seinem großen Verständnis war Nidagha zu wenig davon überzeugt, um diesen Weg der Erkenntnis (*Jnana* Yoga) einzuschlagen. Er ließ sich in seiner Heimatstadt nieder, um sich der rituellen Religion zu widmen.

Der Weise liebte seinen Schüler so sehr wie der letztere seinen Meister verehrte. Trotz seines hohen Alters machte sich Ribhu in die Stadt auf, um zu sehen, wie weit sein Schüler inzwischen seinem Ritualismus entwachsen war. Manchmal verkleidete er sich, um zu sehen, was Nidagha tat, ohne dass jener wusste, dass sein Meister ihn beobachtete. Diesmal verkleidete sich Ribhu als ein einfacher Dorfbauer und fand Nidagha vor, wie er aufmerksam eine königliche Prozession beobachtete. Ohne dass Nidagha ihn erkannte, fragte er ihn, was der ganze Rummel zu bedeuten habe. Nidagha erzählte ihm, dass gerade eine Prozession mit dem König vorbeikäme.

»Oh, es ist der König. Er geht in einer Prozession. Aber wo ist er?«, fragte der Bauer. »Dort auf dem Elefanten«, antwortete Nidagha. »Du sagst, der König ist auf dem Elefanten. Ja, ich sehe zwei«, erwiderte der Bauer. »Aber welcher von beiden ist der König und welcher der Elefant?« »Wie!«, rief Nidagha. »Du siehst die beiden, aber du weißt nicht, dass der Mann oben der König ist und das Tier unten der Elefant? Es ist nutzlos, mit dir zu reden!« »Bitte verlier nicht die Geduld mit einem Unwissenden wie mir«, bat der Bauer. »Aber du sagst ›oben‹ und ›unten‹. Was meinst du damit?«

Nidagha ertrug es nicht länger und rief verärgert: »Du siehst doch den König und den Elefanten! Der eine ist oben, der andere unten. Dennoch willst du wissen, was mit ›oben‹ und ›unten‹ gemeint ist! Wenn die Dinge, die du siehst, und die Worte, die du hörst, dich nicht überzeugen können, kann dich nur noch die Tat lehren! Neige dich nach vorne, und du wirst es nur zu gut verstehen!«

Der Bauer tat, wie Nidagha ihn geheißen hatte. Nidagha stieg auf seine Schultern und sagte: »Verstehst du es jetzt? Ich bin oben wie der König, und du bist unten wie der Elefant. Ist das nun endlich klar?« »Nicht ganz«, lautete die Antwort des Bauern. »Du sagst, du bist oben wie der König, und ich bin unten wie der Elefant. Der König und der Elefant – oben und unten. So weit ist es klar. Aber bitte sage mir, was meinst du mit ›ich‹ und ›du‹?«

Als Nidagha plötzlich mit dem gewaltigen Problem konfrontiert wurde, ein ›Du‹ im Unterschied zum ›Ich‹ zu definieren, fiel es ihm wie Schuppen von den Augen. Sofort sprang er von den Schultern des Meisters herunter und fiel ihm zu Füßen. »Wer anders als mein verehrter Meister Ribhu kann meinen Geist auf diese Weise von der oberflächlichen physischen Existenz zum wahren Sein des Selbst lenken? Oh gnädiger Meister, ich erflehe deinen Segen!«

Glossar

Acharya spiritueller Lehrer

Advaita Nicht-Zweiheit, d.h. das Absolute ist nicht zwei; die Grundlehre des *Vedanta*

Aham Brahmasmi Ich bin *Brahman*

Arunachala Puranam Geschichte des heiligen Berges Arunachala

Arunachaleswara Gott (Ishwara), der sich als *Shivas* Feuersäule in Form des Berges Arunachala manifestiert hat

Atma Vichara Selbstergründung

Atman das Selbst, innerstes Prinzip der menschlichen Person; ursprünglich: Lebenshauch (Atem)

Betel harte, dunkelrote Nuss, deren Saft verdauungsfördernd wirkt

Bhagavad Gita Gesang des Erhabenen; spirituelles Lehrgedicht aus 700 Versen

Bhagavan der Erhabene, der Heilige; ist sowohl als Anrede einer Gottheit als auch als Anrede des Gurus gebräuchlich

Bhakta ein Gott Hingegebener

Bhakti Teilhabe, Hingabe; bezeichnet besonders die religiöse Liebe und Hingabe an Gott

Brahma Weltenschöpfer

Brahman die Wurzel ›brh‹ bedeutet Stärke, Intensität; das Absolute; Urgrund des allgemeinen Seins, das Wesentliche in allen Dingen, das Absolute ohne Gestalt. Brahman und *Atman* sind letztlich eins.

Chinmudra Geste der Weisheit, des reinen Bewusstseins: Daumen und Zeigefinger berühren sich, während die übrigen drei Finger abstehen. Die Geste symbolisiert die Einheit hinter der Vielfalt, aber auch die Einheit des Individuums mit dem höchsten Selbst.

Dakshinamurti der Gott, der nach Süden schaut; *Shiva* als jugendlicher Gott, der allein durch Schweigen lehrt.

Dakshinamurti Stotram eine Hymne *Shankaras Dakshinamurti* zu Ehren

Depavali Ein bekanntes Hindu-Fest im Oktober/November, das mit Lichtern und Feuerwerk begangen wird. Es wird der Sieg des Guten über das Böse gefeiert.

Darshan Schau; der formelle Besuch des Schülers bei seinem Meister; der Anblick, besonders der gnadenreiche Blick, den der Meister seinem Schüler schenkt; Anblick Gottes

Dhoti indisches Kleidungsstück für Männer

Hari = *Vishnu*

Iddlies runde Kuchen aus Reis- und Kichererbsenmehl

Japa Flüstern, gemurmeltes Gebet; v. a. das unablässige Wiederholen eines Gottesnamens oder *Mantras*, um den Geist zu beruhigen und zu fixieren

Jivanmukta ein zu Lebzeiten Befreiter

Jnana Erkenntnis, Wissen

Jnani einer, der die endgültige Verwirklichung des Selbst durch Erkenntnis erlangt hat

Karma Das Schicksal, das sich der Mensch selbst durch das Gesetz von Ursache und Wirkung bereitet

Karthikai Deepam Höhepunkt des jährlich im November/Dezember stattfindenden Festes am Arunachala. Am letzten Tag des 10-tägigen Festes wird auf dem Arunachala eine Flamme (Deepam) entzündet, die *Shiva* in Gestalt der Flammensäule entspr. der Mythologie des Arunachala repräsentiert.

Kavyakanta wörtl: Kehle der Poesie; Ehrentitel

Kosa Nach der Hindu-Philosophie hat der Mensch fünf Hüllen (*Kosas*): die Hülle des physischen Leibes, die Hülle der Lebensenergie, die Hülle des Intellekt, die Hülle des Wissens in Kombination mit den fünf Sinnen und die Hülle der Seligkeit.

Krishna Wiedergeburt *Vishnus;* um ihn ranken sich zahlreiche Geschichten

Linga(m) Zeichen *Shivas*: ein oben abgerundeter zylindrischer Stein, Symbol des Absoluten

Mahadevacharya bedeutender Verfechter der Dvaita-Philosophie im 13./14. Jh.

Maharshi maha = groß, rishi = Seher, Sänger, Heiliger; großer Weiser

Manickavachakar berühmter Tamil-Poet im 8./9. Jh., der devotionale Lyrik dichtete

Mantra eine kurze Formel aus den heiligen Schriften, ein Wort oder nur eine Silbe. Das Mantra wird ständig wiederholt.

Maya die Verfassung der Welt, die weder wirklich noch unwirklich ist; kosmische Illusion

Moksha Befreiung, Erlösung aus dem Kreislauf von Geburt, Tod und Wiederverkörperung

Nataraja natya = Tanz; König der Tänzer; *Shivas* kosmischer Tanz symbolisiert Schöpfung, Erhaltung und Zerstörung, aber auch Wiedergeburt und Befreiung.

Paramatman der höchste *Atman* (das höchste Selbst)

Periyapuranam Sammlung von Heiligenlegenden aus dem 12. Jh. n. Chr. Die 63 Nayanars (Heilige) prägen die *Bhakti*-Periode, die ab 600 n. Chr. in Indien einsetzt, ein neuer spiritueller Aufbruch der Hingabe an Gott *Shiva*, der in der schlichten poetischen Sprache seinen Ausdruck fand.

Prarabdha(karma) die aus früherem *Karma* sich ergebende Lebenssituation

Prasad Gnade; Gabe eines Heiligen

Rama 7. Inkarnation von *Vishnu*, berühmter Held der Hindu-Mythologie

Ramanuja bedeutender Philosoph aus dem 11./12. Jh., der *Advaita* und Gottesverehrung (*Bhkakti*) miteinander verband

Rig-Veda Sammlung von Hymnen an die Gottheiten, Teil der *Veden*

Sadhana methodische spirituelle Übung

Sadhaka einer, der sich spirituellen Übungen unter Anleitung eines Meisters unterzieht

Sadhu Gottgeweihter, Wandermönch; oft identisch mit *Sannyasin*

Sannyasin Wandermönch, der sich ganz dem Streben nach Erleuchtung widmet und dafür Familie und Beruf aufgegeben hat

Samadhi Versenkung im Selbst; höchster Zustand der Meditation

Sambar scharf gewürzte Sauce, die mit Reis zu allen südindischen Mahlzeiten gehört

Sat-Chit-Ananda eine Umschreibung *Brahmans* oder *Atmans* als reines Sein (Sat), erkennendes Bewusstsein (Chit) und erfüllende Glückseligkeit (Ananda)

Sat-Guru vollkommen erleuchteter Guru

Shakti die Kraft *Shivas*, v.a. die göttliche Kraft, durch welche die Schöpfung in Erscheinung tritt; die Gemahlin *Shivas*, die als Göttliche Mutter unter verschiedenen Namen in ganz Indien verehrt wird

Shankara *788-820;* Hauptvertreter des *Advaita Vedanta* und Erneuerer des Hinduismus

Shastras die heiligen Schriften des Hinduismus; die *Veden* und andere heilige Schriften, Gesetzbücher und Kommentare

Shiva ist der doppelgesichtige Gott, der sowohl den Aspekt der Auflösung und Zerstörung verkörpert, als auch als Segensreicher alles entstehen lässt. Er symbolisiert das absolute Sein und ist der Zerstörer der Unwissenheit und des Egos.

Shivaratri Nacht von *Shiva*; hohes Hindu-Fest im Januar/Februar

Siddha ein vollkommener Mensch; ein Mensch mit übernatürlichen Fähigkeiten (*Siddhis*)

Siddhi Fähigkeit, übernatürliche Fähigkeit

Skanda Kriegsgott und Sohn *Shivas*

Srimad Bhagavatam ein Teil der heiligen Hindu-Schriften, der sich vorwiegend dem Weg des *Bhakti* widmet

Subrahmanian berühmte Hindu-Gottheit (identisch mit Murugan)

Tapas spirituelle, asketische Übungen

Tat Tvam Asi »Das bist du« (gemeint ist: du bist *Brahman*), ähnlich wie: *Aham Brahmasmi*

Tevaram Hymnensammlung der drei großen Tamil-Dichter und Heiligen Sambandar, Appar und Sundarar aus dem 7. und 8. Jh. n. Chr.

Turiya der ›vierte Bewusstseins-Zustand. Er überschreitet die drei anderen Zustände von Wachen, Traum und Tiefschlaf.

Uma Muttergottheit, Gefährtin von *Arunachaleswara*

Updadesa Lehre, Belehrung, Anweisung

Upanishaden Geheimlehren, Basistexte des *Vedanta*. Die ältesten Upanishaden entstanden etwa 800-700 v. Chr.

Vasanas aus früheren Gedanken, Wünschen und Handlungen entstandene latente Tendenzen und Neigungen

Vedanta Ende und zugleich Erfüllung der *Veden*

Veden Wissen, Offenbarung; älteste Schriften des Hinduismus bestehend aus 4 kanonischen Schriften

Vibhuti heilige Asche

Vishnu Bewahrer, Beschützer und Erhalter des Universums; einer der drei Hauptgötter: Vishnu (der Erhalter), *Shiva* (der Zerstörer) und *Brahma* (der Weltenschöpfer)

Literaturverzeichnis

Ebert, Gabriele: Ramana Maharshi : Sein Leben. – Stuttgart, 2003

Ramana Maharshi: The Collected Works. – 6th rev. ed. – Ramanashram, 1996

Ramana Maharshi: Worte spiritueller Weisheit. – München, 1988

Ramana Smrti. – Tiruvannamalai, 1999

Sadhu Arunachala: Erinnerungen eines Sadhus. – Berlin, 2004

Satyamayi (Lucy Cornelssen): Sri Ramana Maharshi : Im Lotus des Herzens. – Argenbühl Eglofstal, 2003

Spiritual Stories as told by Ramana Maharshi. – 3rd. ed. – Tiruvannamalai,1992

T.K. Sundaresa Iyer: At the Feet of Bhagavan. – 4th ed. – Tiruvannamalai 2005

Veltheim-Ostrau, Hans-Hasso von: Der Atem Indiens. – Hamburg, 1954